科技汉语

基础篇

主　编　郭莉萍
副主编　张永勤　魏扬秀
参　编　刘晓春　沙　茜　刘云凤

北京航空航天大学出版社
BEIHANG UNIVERSITY PRESS

内 容 简 介

本书是供具有一定汉语基础的大学本科一年级理工类专业外国留学生使用的专门用途汉语教材。全书共 12 课，生词 600 余个。以数学、物理、化学、生物、计算机、航空航天的基础知识和基础理论为语料，通过课文、语言点、练习、知识链接、相关阅读等内容的精心设计，帮助学生掌握科技文体中独特的语言要素，扩大科技汉语基本词汇和常用表达法，提高科技汉语的综合运用能力。

图书在版编目(CIP)数据

科技汉语. 基础篇 / 郭莉萍主编. -- 北京 ：北京航空航天大学出版社，2023.2

ISBN 978-7-5124-4043-2

Ⅰ. ①科… Ⅱ. ①郭… Ⅲ. ①科学技术－汉语－对外汉语教学－教材 Ⅳ. ①H195.4

中国国家版本馆 CIP 数据核字(2023)第 024976 号

科技汉语(基础篇)

主 编 郭莉萍

副主编 张永勤 魏扬秀

参 编 刘晓春 沙 茜 刘云凤

策划编辑 刘 扬 责任编辑 孙玉杰

*

北京航空航天大学出版社出版发行

北京市海淀区学院路 37 号(邮编 100191) http://www.buaapress.com.cn

发行部电话：(010)82317024 传真：(010)82328026

读者信箱：qdpress@buaacm.com.cn 邮购电话：(010)82316936

北京时代华都印刷有限公司印装 各地书店经销

*

开本：787×1 092 1/16 印张：12.5 字数：266 千字

2023 年 5 月第 1 版 2023 年 5 月第 1 次印刷

ISBN 978-7-5124-4043-2 定价：49.00 元

前　言

本教材适用对象为中文本科一年级理工类专业外国留学生，汉语基础相当于汉语水平考试(HSK)五级水平。在内容上，以数学、物理、化学、生物、计算机、航空航天的基础知识和基础理论为语料，通过对语言点的阐释、练习形式的设计、知识链接和相关阅读材料的选择等实现专门用途的汉语教学目标。全书共12课，生词600余个。通过科技汉语知识和技能的综合训练，帮助学生学习并掌握科技语体独特的语言要素和语言规律，扩大科技汉语基本词汇和常用表达法，提高科技汉语的综合运用能力，为专业学习扫除语言障碍，打下良好基础。

各课的编写体例如下：

（一）课文

字数在800～1200字。生词40～60个在课文中标出，并给出相应词性、汉语拼音及英文注释。

（二）语言点

讲解课文中重点词语、辨析近义词、注释科技文体常用句式和表达法。

（三）练习

设置丰富多样的题型，对重点词语、句型、课文进行练习，检查学生对课文内容和一般性专业知识的理解以及应用汉语解决问题的能力。

（四）知识链接

介绍并拓展相关专业知识。

（五）相关阅读

选择与课文内容有关的专题文章，提高学生的阅读理解能力，进一步增加学生的科技词汇量和知识储备。

在本教材选编时，作者参阅并采用了相关理科课本、网络资料和其他书籍材料，根据教学需要做了不同程度的修改，事先未能与原作者和出版社取得联系，深表歉意。若有不妥，请与作者联系。

在教材编写过程中学院领导及老师们给予了热情支持和帮助；北京语言大学张俊萍副教授也提出了许多宝贵意见和建议，在此一并致以衷心的感谢！

全书课文编写分工如下（按姓氏笔画为序）：刘云凤负责第九课、第十二课；刘晓春负责第五课、第八课；张永勤负责第四课、第六课、第七课；沙茜负责第十课；郭莉萍负责第一课；魏扬秀负责第二课、第三课、第十一课。本教材已在教学中多轮试用，并通过问卷调查和师生访谈等形式广泛征求意见，反复修改。因作者水平有限，仍存在疏漏和不足之处，敬请读者及同行批评指正。

本书配套资源详见二维码。

配套资源

北京航空航天大学国际学院教材编写团队

2022 年 9 月

目　　录

第一课　数

课文

1. 实数

我们知道，有理数包括整数和分数，而任何一个分数写成小数的形式，必是有限小数或无限循环小数。例如，$\frac{4}{5}=0.8$（有限小数），$\frac{1}{3}=0.333\ 33\cdots$（无限循环小数）。而$\sqrt{2}=1.414\ 213\ 562\cdots$很显然不是一个有理数，它是一个无限不循环小数；类似地，$0.707\ 007\ 000\ 7\cdots$、圆周率$\pi=3.141\ 592\ 6\cdots$也都不是有理数，它们都是无限不循环小数。我们称这样的数为无理数。有理数与无理数统称为实数。实数的分类如图1－1所示。

- 实数
  - 有理数（有限小数或无限循环小数）
    - 整数
      - 正整数
      - 零
      - 负整数
    - 分数
      - 正分数
      - 负分数
  - 无理数（无限不循环小数）
    - 正无理数
    - 负无理数

图1－1　实数的分类

实数（名）shíshù real number
有理数（名）yǒulǐshù rational number
整数（名）zhěngshù integer
分数（名）fēnshù fraction
小数（名）xiǎoshù decimal number
有限小数（名）yǒuxiàn xiǎoshù limited decimal
有限（形）yǒuxiàn limited
无限（形）wúxiàn infinite
循环（动）xúnhuán circulate
类似（动）lèisì analogous
圆周率（名）yuánzhōulǜ pi.
无理数（名）wúlǐshù irrational number
统称（动/名）tǒngchēng be called by a joint name; a general designation

正（形）zhèng positive
负（形）fù negative

在数学上,实数被直观地定义为和数轴上的点一一对应的数,每一个实数都可以用数轴上的点来表示。也就是说,数轴上的任意一点都表示一个实数。

关于实数,我们还须弄清以下三个概念:

(1) 相反数:如果两个数只有符号不同,那么我们就说其中一个数是另一个数的相反数。实数 a 的相反数是 $-a$。

(2) 绝对值:在数轴上的一个数所对应的点与原点 O 的距离。实数 a 的绝对值定义为 $|a|=\begin{cases} a, & a\geqslant 0 \\ -a, & a<0 \end{cases}$,即当 a 为正数时,$|a|=a$;当 a 为 0 时,$|a|=0$;当 a 为负数时,$|a|=-a$。

(3) 倒数:如果两个实数的乘积是 1,则这两个数互为倒数。实数 a 的倒数是 $\frac{1}{a}$ $(a\neq 0)$。

实数可实现的基本运算有加、减、乘、除、乘方等,任意两个实数的和、差、积、商(除数不为 0)和乘方运算后的结果还是实数。对非负数还可以进行开方运算,任何实数都可以开奇次方,其结果仍是实数;只有非负实数才能开偶次方,其结果也还是实数。

2. 复数

形如 $a+bi(a、b\in\mathbb{R})$ 的数叫作复数,通常用字母 z 表示,即 $z=a+bi(a、b\in\mathbb{R})$,其中 i 叫作虚数单位,a 和 b 分别叫作复数 z

直观(形)zhíguān visual
定义(名/动)dìngyì definition; define
数轴(名)shùzhóu coordinate axis
轴(名)zhóu axis
对应(动)duìyìng correspond
任意(形/副)rènyì random; randomly

绝对值(名)juéduìzhí absolute value
值(名)zhí value
原点(名)yuándiǎn origin
即(书)jí i. e.

倒数(名)dàoshù reciprocal
乘积(积)(名)chéngjī product

运算(动)yùnsuàn calculate
加(动)jiā plus
减(动)jiǎn minus
乘(动)chéng multiply
除(动)chú divide
乘方(动/名)chéngfāng raise to the power(of); exponentiation
和(名)hé sum
差(名)chā difference
商(名)shāng quotient
除数(名)chúshù divisor
开方(动)kāifāng root
奇(形)jī odd
其(代)qí it;its
偶(形)ǒu even

复数(名)fùshù complex number
虚数单位(名)xūshù dānwèi imaginary unit
虚数(名)xūshù imaginary number
单位(名)dānwèi unit

的实部和虚部。

对于复数 $a+bi$，当且仅当 $b=0$ 时，它是实数；当且仅当 $a=b=0$ 时，它是实数 0；当 $b\neq0$ 时，它是虚数；当 $a=0$ 且 $b\neq0$ 时，它叫作纯虚数。

这样，复数 $z=a+bi$ 可以分类如下：

复数 z 为
$$\begin{cases}\text{实数}(b=0)\\ \text{虚数}(b\neq0)(\text{当 } a=0 \text{ 时}, z \text{ 为纯虚数})\end{cases}$$

我们知道，任何一个复数 $z=a+bi$ 都可以由一个有序实数对 (a,b) 唯一确定。由于有序实数对 (a,b) 与平面直角坐标系中的点一一对应，因此，复数与平面直角坐标系中的点可以建立一一对应关系。

如图 1-2 所示，点 Z 的横坐标是 a，纵坐标是 b，复数 $z=a+bi$ 可以用点 $Z(a,b)$ 表示。这个建立直角坐标系来表示复数的平面叫作复平面，x 轴叫作实轴，y 轴叫作虚轴。显然，实轴上的点都表示实数；除原点外，虚轴上的点都表示纯虚数。

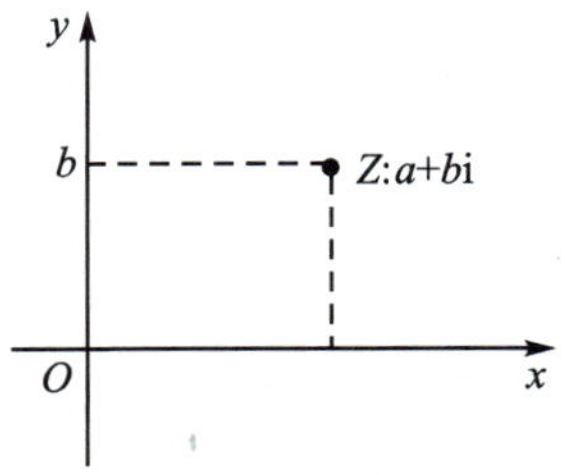

图 1-2　复平面

复数可以做加、减、乘、除四种运算，即四则运算。如果设 $z_1=a+bi$，$z_2=c+di$ 是任意两个复数，那么：

(1) 加法法则：$z_1+z_2=(a+bi)+(c+di)=(a+c)+(b+d)i$。

实部（名）shíbù real part
虚部（名）xūbù imaginary part

纯虚数（名）chúnxūshù pure imaginary number
纯（形）chún pure

有序（形）yǒuxù ordered
平面（名）píngmiàn plane
直角（名）zhíjiǎo right angle
坐标系（名）zuòbiāoxì coordinate system
坐标（名）zuòbiāo coordinate

横坐标（名）héngzuòbiāo x coordinate
横（形）héng horizontal
纵坐标（名）zòngzuòbiāo y coordinate
纵（形）zòng longitudinal
复平面（名）fùpíngmiàn complex plane
实轴（名）shízhóu real axis
虚轴（名）xūzhóu imaginary axis

设（动）shè let

法则（名）fǎzé rule

(2) 减法法则：$z_1-z_2=(a+bi)-(c+di)=(a-c)+(b-d)i$。

(3) 乘法法则：$z_1z_2=(a+bi)(c+di)=(ac-bd)+(bc+ad)i$。

(4) 除法法则：$z_1\div z_2=(a+bi)\div(c+di)=\dfrac{ac+bd}{c^2+d^2}+\dfrac{bc-ad}{c^2+d^2}i(c+di\neq 0)$。

语言点

1. 循环

动词。事物周而复始地运动或变化。例如：

(1) 生活就是发现矛盾，然后解决矛盾，如此循环。

(2) 我们提倡对有限的资源进行无限地循环利用。

(3) 纯循环小数是从小数部分第一位开始循环的小数，如 0.333 333…。

2. 类似

动词。十分相像。例如：

(1) 这道题类似书中的例题。

(2) 人眼的光学系统和照相机非常类似。

(3) 许多科学家做了大量类似的实验，得到了同样的结果。

3. 为

动词。意思是“做”“是”“成”等。用在兼语句中作第二动词或用在另一动词后面，意思是“充当”“作为”“算作”等。必带宾语。多用于书面语。例如：

(1) 新主楼总建筑面积为 22.65 万平方米。

(2) 大家选他为出席全国科学大会的代表。

(3) 简单地说，分析是将整体分解为部分，综合是将部分结合为整体。

4. 称……为……

意思是“把……叫作……”。常用的还有“……称为……”“把……称为……”。例如：

(1) 我们称含有未知数的等式为方程。

(2) 这种把集合的所有元素一一列举出来，并用花括号“{}”将其括起来表示集合的方法称为列举法。

(3) 我们把形如 $2x-3>x+2$ 的不等式称为一元一次不等式。

5. 统称

动词。总起来叫作。常用格式“统称为……”“把……统称为……”。还作名词。例如：

(1) 液体和气体都没有一定的形状，容易流动，统称为流体。

(2) 我们把正整数、零、负整数统称为整数，而把正分数、负分数统称为分数。

(3) 实数是有理数和无理数的统称。

6. 所

助词。用在动词前面，加“的”修饰名词，表示被修饰的名词是前面动词的受事。多用于书面语。口语里可以不用“所”，意思相同。例如：

(1) 这种新款汽车所耗费的燃油并不多。

(2) 数轴上原点及原点左边所有的点所表示的数是零和全体负实数。

(3) 这次计算所得的结果也是一个无限不循环小数。

7. 如……所示

常用“如图……所示”“如表……所示(列)”“如下所示”等，表示像……展示、指示的那样。例如：

(1) 重力方向和地球引力方向之间的关系如图 1-3 所示。

(2) 如图 1-4 所示的立体图形由小正方体组成，请问这个立体图形有几个小正方体？

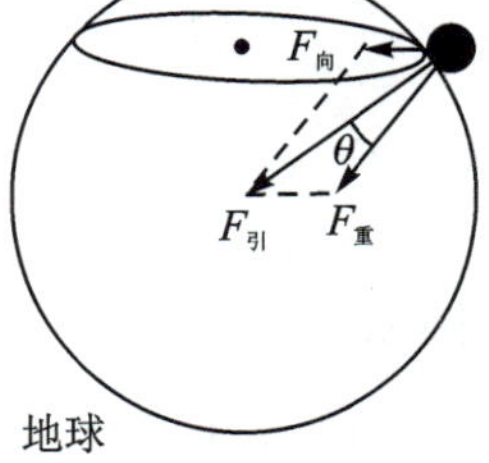

图 1-3　重力方向和地球引力方向之间的关系

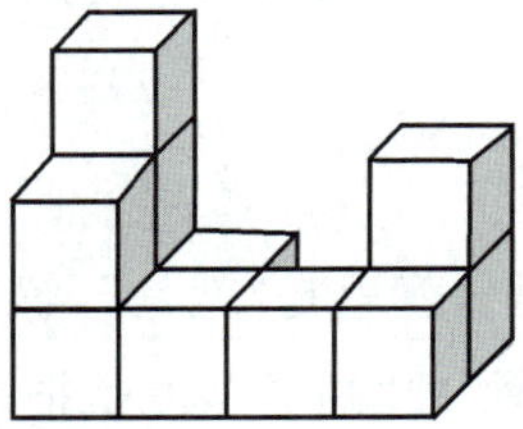

图 1-4　立体图形

(3) 某年 A、B 两座城市四季的平均气温(单位：℃)如表 1-1 所列，请分别计算这两座城市的年平均气温(结果取整数)。

表 1-1　某年 A、B 两座城市四季的平均气温

城市	四季的平均气温			
	春	夏	秋	冬
A	−4	19	9	−10
B	16	30	24	11

8. 定义

名词。对于一种事物的本质特征或一个概念的内涵和外延的确切而简要的说明。还作动词。常用格式“给……下(……)定义”“……定义为……”“把……定义为……”。例如:

(1) 这个定义简单明确。

(2) 你能给“数轴”下一个定义吗?

(3) 我们把无限不循环小数定义为无理数。

9. 对应

动词。在性质、作用、位置或数量上,一个事物和另一个事物相当。例如:

(1) 这里有一些英语陈述句,每个陈述句的下一行就是它对应的代数式。

(2) 现在通常是推算云中温度,找出气压与温度的对应关系,求出云的高度。

(3) 卡片上的第二行是1、2、3、4、5五个数字,分别和五种图形相对应。

10. 任意

形容词。不受任何条件限制的。还作副词。例如:

(1) 任意两点都可以连成直线。

(2) 您在15号值机柜台可办理国航当日任意航班。

(3) 加强资源保护,首先是要禁止任意捕杀动物。

11. 即

书面语。意思是“就是”,解释或说明前面的部分。例如:

(1) “译”即“翻译”,就是把一种语言文字的意义用另一种语言文字表述出来。

(2) 任何一个集合是它本身的子集,即任何一个集合 A 是它本身的子集,即 $A \subseteq A$。

(3) 在这一时期,受教育的对象达到总人口的15%～18%,即1.5亿～1.8亿人。

12. 运算

动词。依照数学法则,求出算题或算式的结果。例如:

(1) 要求考生根据概念、公式、法则,进行数、式、方程的正确运算。

(2) 对于能够实现科学运算的超级计算机,我们难以用某个精确的数据来描述它的运算速度。

(3) 四则运算是指加法、减法、乘法和除法四种运算。

比较：计算 & 运算

二者都是动词。"计算"是指根据已知数求得未知数；"运算"是指根据数学法则求算式结果进行计算的过程。例如：

（1）计算 A 与 B 的和，结果保留两位小数。

（2）我国最早计算出圆周率第七位有效数字的人是祖冲之。

（3）计算这道题用的方法是加法运算，还是乘法运算？

13. 非……

前缀。用在一些名词性成分的前面，表示不属于某种范围。例如：

非法、非负数、非线性、非重点、非专业、非理性、非正式。

14. 其

书面语。人称代词。意思是"他（她、它）""他（她、它）们""他（她、它）的""他（她、它）们的"。例如：

（1）广西桂林以其"山青、水秀、洞奇、石美"而成为著名的旅游城市。

（2）数学符号"sin"，在汉语中称其为正弦。

（3）本文所采用的是符号运算，其运算结果是完全准确的。

15. 当且仅当……

"在，并且仅仅在这些条件成立的时候"的缩写。意思是"在这些情况下，并且仅仅在这些情况下……"。例如：

（1）一般地，有 $|a+b|\leqslant|a|+|b|$，当且仅当 a、b 方向相同时等号成立。

（2）对于 $a^2+b^2\geqslant 2ab(a、b\in\mathbb{R})$，当且仅当 a、b 相等时等号成立。

（3）对于方程 $2x-8=16$，当且仅当 $x=12$ 时方程成立。

16. 设

动词。假设。常用格式"（如果）设……是/为……，那么/则……"。例如：

（1）设实数 x、y 满足 $x+2y=3$，那么 x^2+y^2+2y 的最小值是多少？

（2）如果设 a 是负有理数，那么 a^2 的平方根是多少？

（3）设正方形的边长为 a，则它的面积为 a^2。

练习

一、熟读下列词语

类似　统称　定义　对应　任意　法则　数轴　圆周率　绝对值　奇次方

纯虚数　纵坐标　有限小数　无限循环　开偶次方　加减乘除　四则运算

二、正确读出下列数字和形式

-10　$\frac{3}{4}$　$1\frac{1}{6}$　56%　$\frac{138}{1\ 000}$　3.61　2 013.004　3 500　58 010　60 500 011

37 864 216　1 800 000 012　13 886 123 116　5 410 300 000 000　$\left|-\frac{2}{3}\right|$

1.25×10^5　$\sqrt[3]{99}$　$|y-3|+(2x-4)^2=0$　$\left(1\frac{3}{4}-\frac{7}{8}\right)\div\left(-\frac{7}{8}\right)+\left(-\frac{7}{8}\right)\times\frac{8}{11}$

$(a+bi)\div(c+di)=\frac{ac+bd}{c^2+d^2}+\frac{bc-ad}{c^2+d^2}i(c+di\neq0)$

三、仿照例子分别写出包含"率、轴"的词语,并理解其意思

圆周率____

数　轴____

四、将下列反义词用线连起来

有	实
正	横
虚	无
纵	偶
奇	负

五、选词填空

统称　对应　类似　循环　有限　即　仅

1. 这次出差的时间很________,办完事就得赶快回去。

2. 实数的全体与数轴上的所有点是一一________的。

3. 加法、减法、乘法和除法的运算________为四则运算。

4. 每一个实数都可以用数轴上的点来表示,________地,每一个复数都对应平面上的一个点。

5. 当且________当一个数能被 2 整除时，这个数才是偶数。

6. 血液在心脏和全部血管所组成的管道中不停地往复流动就叫作血液________。

7. 中国古代著名数学家祖冲之在世界数学史上第一次将圆周率计算到小数点后七位，________ 3.141 592 6～3.141 592 7 之间。

任何　法则　任意　所　设　为　称

1. 零的________次方仍是零。

2. 百分数是分母________一百的分数。

3. 我们________无限不循环小数为无理数。

4. 一般地，如果________ a 是一个正数，则数轴上表示数 a 的点在原点的右边。

5. 如果一个数被不断地开平方，那么________得的小数的位数是无限的，而且是不循环的。

6. 在数的运算中，减法是加法的逆运算，其运算________是“减去一个数等于加上这个数的相反数”。

7. 统计数据的准确性就像数学上的“极限值”，只能逐步地接近它，________时候都不可能完全达到它。

六、填空

1. 在 1～10 的数字中，1、3、5、7、9 是________数；2、4、6、8、10 是________数。

2. 小于零的数是________数；大于零的数是________数。

3. $\frac{3}{4}$是$\frac{4}{3}$的________数；-5 是 5 的________数。

4. 如果两个数互为相反数，那么它们的和等于________；如果两个数互为倒数，那么它们的积等于________。

5. 已知两个数 $5\frac{5}{6}$ 和 $-8\frac{2}{3}$，这两个数的相反数的和是________；两数和的相反数是________；两数和的绝对值是________；两数绝对值的和是________。

6. 比 x 与 y 的差的绝对值小 3 的数是________。

7. 一亿的万分之一是________。

8. 我们不仅会遇到开方运算，还常常遇到与它相反的________运算。

9. 开二次方可以叫作________，二次方根又称为________；开三次方可以叫作________，三次方根又称为________。

10. 加法运算的结果叫作________；差是________运算的结果；________运算的结果叫作积；除法运算的结果叫作________。

11. 形如 $z=a+bi$ 的数称为________,其中规定 i 为虚数________。

七、将下列叙述用数学表达式表示出来

1. x 的四分之一是非负数。

2. 负零点八的绝对值。

3. x 是不大于十的正数。

4. x 不小于二且不大于七。

5. x 的一半与 y 的差的平方。

6. x 的平方与 y 的平方和加上 x 与 y 之积的五倍。

7. x 的三倍与 x 的百分之三十的差小于十而大于负五。

8. 负三又八分之三与七点三的差除以零点一六加上根号二乘以五。

9. 三与 x 和的四倍等于 x 的二倍与七的差的相反数。

10. x 的三分之二次方加 a 的平方开五次方。

八、将下列词语组成句子

1. 是　不　一个　小数　无限　循环　π

2. 正数　定义　的　为　大于　我们　零　把　数

3. 我们　$\sqrt{a}\,(a\geqslant 0)$　二次根式　形如　把　式子　的　叫作

4. 如　所示　这四个概念　关系　图 1－1　之间　的

5. 知识　实际生活中的　利用　我们　的　要　问题　所　解决　学

九、用括号中的词语改写下列句子

1. 如果候选人的支持率没有达到25%，那么要举行第二次选举。(则)

2. “运动”这一术语，在数学、物理学、哲学、社会学、体育学中各有它的不同的含义。(其)

3. 中国古代把直角三角形的两条直角边叫作勾和股。(称……为……)

4. 每一个实数都可以用数轴上的一个点表示。(对应)

5. 在任何条件下，当两个数相加或相乘时，可交换两数的位置，其结果不变。(任意)

6. 根据中国足协要求，冬训期间海南足球基地将进行封闭管理，不是球队人员不得入内。(非……)

十、根据课文内容回答下列问题

1. 什么是实数？
2. 0.333 33…叫什么小数？
3. $\sqrt{2}$ 是有理数吗？
4. 0.707 007 000 7…是无理数吗？为什么？
5. 实数的基本运算有哪些？
6. 什么叫作复平面？
7. 复平面的实轴和虚轴上的点各表示什么？

十一、想一想，说一说

数轴和普通直线有什么不同？怎样利用数轴解释一个数的绝对值和相反数？

知识链接

1. 整数的读法

汉语常用的数位是个位、十位、百位、千位、万位、十万位、百万位、千万位、亿位、十亿位、百亿位、千亿位、万亿位、十万亿位、百万亿位、千万亿位……从个位起，每四个数位是一级，如图 1-5 所示。

读数时，从高位一级一级地按照数位顺序往下读。

万以内数，千位上是几就读几千，百位上是几就读几百……

【例】7610 读作：七千六百一十。

万以外数，每读完一级加一个级的单位。

级	……	兆级				亿级				万级				个级			
数位	……	千万亿位	百万亿位	十万亿位	万亿位	千亿位	百亿位	十亿位	亿位	千万位	百万位	十万位	万位	千位	百位	十位	个位
计数单位	……	千万亿	百万亿	十万亿	万亿	千亿	百亿	十亿	亿	千万	百万	十万	万	千	百	十	一(个)
示例	……	7	8	5	4	9	0	3	6	2	1	0	6	7	6	1	0

图 1-5　数位顺序表

【例】1305 4769 2812 读作：一千三百零五亿四千七百六十九万两千八百一十二。

万亿以上的大数，一律改用亿作单位，不出现兆字。

【例】7854 9036 2106 7610 读作：七千八百五十四万九千零三十六亿两千一百零六万七千六百一十。

一个数中间无论有一个零还是连续几个零都读成一个零，而每级末尾无论有几个零都不读。

【例】2 0002 读作：两万零二。

2 0400 0000 读作：两亿零四百万。

20 0400 1000 读作：二十亿零四百万(零)一千。

2. 小数、分数、百分数的读法

【例】0.25 读作：零点二五。

15.10 读作：十五点一(零)。

432.009 8 读作：四百三十二点零零九八。

$\frac{3}{110}$读作：一百一十分之三。

$10\frac{1}{12}$读作：十又十二分之一。

82%读作：百分之八十二。

0.9%读作：百分之零点九。

相关阅读

数学符号的起源

20 世纪，英国著名哲学家、数学家罗素说：“什么是数学？数学是符号加逻辑(logic)。”可见，数学符号在数学发展中起着重要作用。数学符号的发明和使用比数字晚，但是数量比数字多得多。现在常用的数学符号就有 200 多个。你知道最常用的数学运算符号是由谁最先发明和使用的吗？

加号“＋”是由拉丁文“et”(“和”的意思)演变(evolve)而来的。16 世纪，意大利科学家塔塔里亚用意大利文“più”(“加”的意思)的第一个字母表示“加”，草写(script type of calligraphy)为“μ”，最后变成了“＋”号。

减号“－”是从拉丁文“minus”(“减”的意思)演变来的，简写“m”再省略掉字母，就成“－”了。

乘号曾经用过十几种，现在通用两种：一种是“×”，另一种是“·”。德国数学家莱布尼茨认为“×”像拉丁字母“X”，曾加以反对，而赞成用“·”。18 世纪，美国数学家欧德莱确定把“×”作为乘号，他认为乘法是一种特殊的加法，于是把加号斜着写，以表示相乘。

除号“÷”最初是作为减号在欧洲大陆流行的，直到 1631 年英国数学家奥屈特用“：”表示除或比。另外，也有人用分数线表示比。后来，瑞士数学家拉哈在他所著的《代数学》里正式把“÷”作为除号。

平方根号曾经用拉丁文“Radix”(根)的首尾两个字母合并起来表示。17 世纪初叶，法国数学家笛卡儿在他的《几何学》中第一次用“$\sqrt{\quad}$”表示根号。这个符号包含两个意思：“√”是由拉丁文“root”(方根)的第一个字母“r”演变而来的；上面的短线表示括线，相当于括号。

16 世纪，法国数学家维叶特用“＝”表示两个量的差别。可是英国牛津大学数学、修辞学(rhetoric)教授列考尔德认为，用两条平行而又相等的直线来表示两数相等是最合适不过的了，于是等号“＝”逐渐为人们所接受。

1614 年，苏格兰男爵(baron)纳皮尔引进了对数这个词，对数符号“log”是“logarithm”(对数)的字头。而“sin”“tan”“sec”“cos”“cot”“csc”分别是“sine”(正弦)、“tangent”(正

切）、“secant”（正割）、“cosine”（余弦）、“cotangent”（余切）、“cosecant”（余割）的简写。这些符号直到 1748 年经欧拉应用，才逐渐普及起来。此外，欧拉于 1734 年还引入了函数符号“$f(x)$”。

大括号“{ }”和中括号“[ ]”是代数创始（originate；initiate）人之一魏治德创造的。17 世纪，德国数学家莱布尼茨创用了相似号“∽”和全等号“≌”，在几何学中被广泛使用。

根据文章内容回答下列问题：

(1) 试概括第二～五段的主要内容。

(2) 根号最早的使用者是谁？

(3) 正弦、余弦、正切、余切、正割、余割的符号分别是什么？

(4) “log”是什么符号？

(5) “$f(x)$”是什么符号？

(6) 你还知道哪些数学符号？请说出其汉语名称并将其写出来。

第二课　函数及其图像

课文

设在一个变化过程中有两个变量 x 和 y，如果对于 x 的每一个值，y 都有唯一的值与它对应，那么就说 x 是自变量，y 是 x 的函数。将自变量 x 取值的集合称为函数的定义域，和自变量 x 的值对应的 y 值叫作函数值，函数值的集合叫作函数的值域。

几种常见函数有一次函数、二次函数、正比例函数、反比例函数、三角函数（正弦函数、余弦函数、正切函数、余切函数）、对数函数、指数函数等。

表示函数关系的方法通常有解析法、列表法、图像法三种。

对于一个函数，如果把自变量 x 和函数 y 的每一对对应值分别作为点的横坐标与纵坐标，在坐标平面内描出相应的点，那么这些点所组成的图形即这个函数的图像。

1. 一次函数

一般地，如果 $y=kx+b$（k、b 是常数，且 $k\neq0$），那么 y 是 x 的一次函数。其图像是经过 $(0,b)$ 的一条直线，也称直线 $y=kx+b(k\neq0)$。当画一次函数图像时，一般选取 $(0,b)$ 和 $\left(-\dfrac{b}{k},0\right)$ 两点，画出经过这两点的

函数（名）hánshù function
及（连）jí and
图像（名）túxiàng graph; image

变量（名）biànliàng variable quantity
自变量（名）zìbiànliàng independent variable
集合（名）jíhé set
定义域（名）dìngyìyù domain of definition
值域（名）zhíyù range

正比例（名）zhèngbǐlì direct proportion
反比例（名）fǎnbǐlì inverse proportion
正弦（名）zhèngxián sine
余弦（名）yúxián cosine
正切（名）zhèngqiē tangent
余切（名）yúqiē cotangent
对数（名）duìshù logarithm
指数（名）zhǐshù exponent

解析法（名）jiěxīfǎ analytical method
列表法（名）lièbiǎofǎ schedule method

描（动）miáo draw; trace
相应（动）xiāngyìng correspond
图形（名）túxíng diagram

常数（名）chángshù constant
直线（名）zhíxiàn straight line
选取（动）xuǎnqǔ choose; select

直线。满足关系式 $y=kx+b$ 的 x、y 所对应的点 (x, y) 均在该一次函数的图像上。一次函数图像如图 2-1 所示。

均（副）jūn all; both
该（代）gāi this

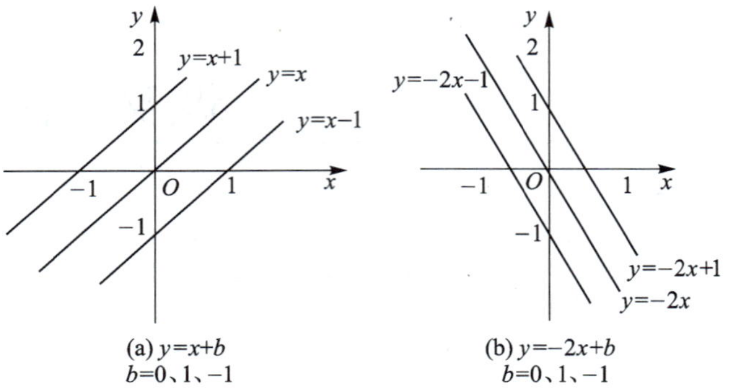

图 2-1　一次函数图像

2. 正比例函数

一般地，若 $y=kx$（k 是常数，且 $k\neq0$），则 y 是 x 的正比例函数。由 $y=kx$ 得 $\frac{y}{x}=k$，所以两个变量之比为一个常数的函数是正比例函数，其图像是经过原点的直线。当 $k>0$ 时，x、y 同号，直线经过第一、三象限，直线从左向右上升，y 随着 x 的增大而增大，如图 2-2 所示。当 $k<0$ 时，x、y 异号，直线经过第二、四象限，直线从左向右下降，y 随着 x 的增大而减小，如图 2-3 所示。正比例函数是一次函数的特例，性质也与一次函数相同。

若（连）ruò if
象限（名）xiàngxiàn quadrant
上升（动）shàngshēng to go up
下降（动）xiàjiàng to go down
特例（名）tèlì particular case

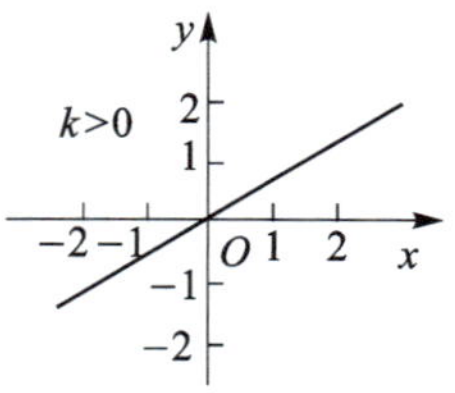

图 2-2　直线经过第一、三象限

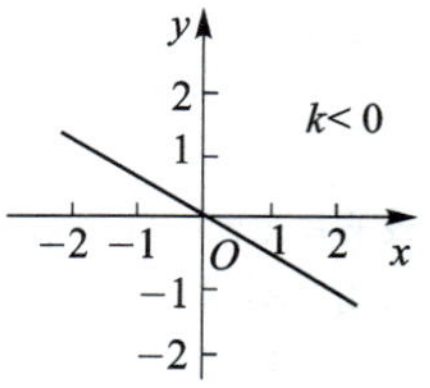

图 2-3　直线经过第二、四象限

3. 二次函数

一般地，如果自变量 x 和因变量 y 之间存在如下关系：

$y=ax^2+bx+c$（$a\neq 0$，且 a、b、c 为常数）

则称 y 为 x 的二次函数。其表达式的右边通常为二次三项式。

二次函数的图像是一条永无止境的抛物线。其中，a 决定函数的开口方向。当 $a>0$ 时，开口方向向上；当 $a<0$ 时，开口方向向下。$|a|$ 还可以决定函数的开口大小。$|a|$ 越大，开口就越小；$|a|$ 越小，开口就越大。二次函数图像如图 2-4 所示。

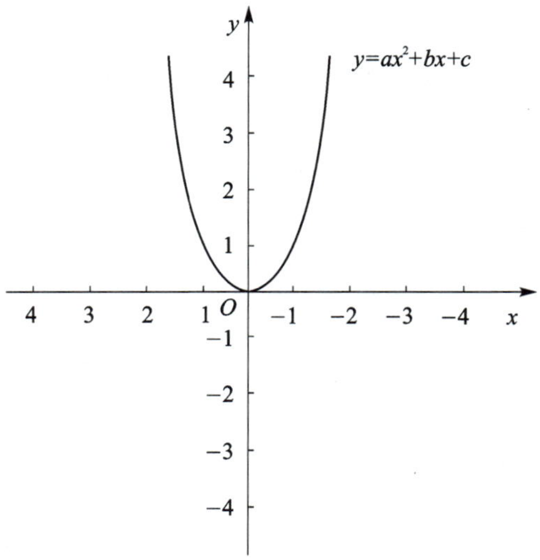

图 2-4　二次函数图像

因变量（名）yīnbiànliàng dependent variable

永无止境（成）yǒngwúzhǐjìng endless

抛物线（名）pāowùxiàn parabola

开口（名）kāikǒu opening

4. 反比例函数

一般地,如果 $y=\frac{k}{x}$(k 是常数,且 $k\neq 0$),那么 y 是 x 的反比例函数。反比例函数的图像是双曲线。当 $k>0$ 时,双曲线的两个分支在第一、三象限,在每一象限内,y 随着 x 的增大而减小,如图 2-5(a)所示。当 $k<0$ 时,双曲线的两个分支在第二、四象限,在每一象限内,y 随着 x 的增大而增大,如图 2-5(b)所示。反比例函数图像的每一条曲线只能无限趋向于坐标轴,而与两坐标轴没有交点。同时,反比例函数图像既是中心对称图形,也是轴对称图形。

双曲线(名)shuāngqūxiàn hyperbola
曲线(名)qūxiàn curve
分支(名)fēnzhī branch
趋向(动/名)qūxiàng tend to;tendency
交点(名)jiāodiǎn crossing point
对称(形)duìchèn symmetrical

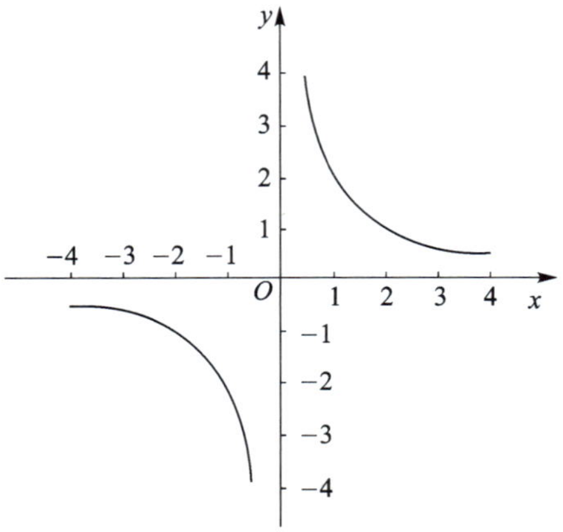

(a) $y=\frac{k}{x}$ $(k>0)$

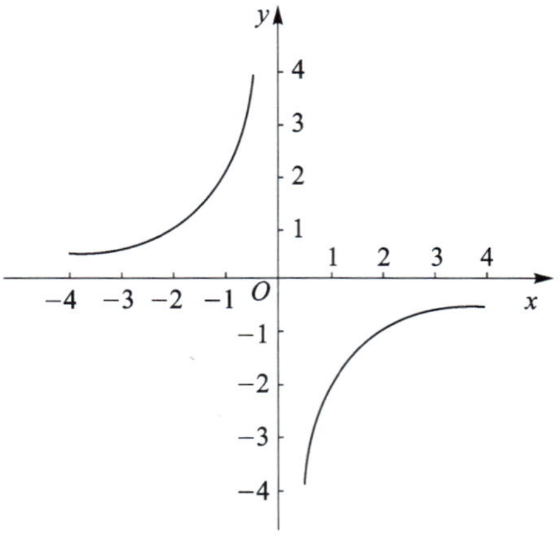

(b) $y=\frac{k}{x}$ $(k<0)$

图 2-5 反比例函数图像

语言点

1. 将

介词。意思是“把”，表示对人或事物的处置。多用于书面语。例如：

(1) 请将实验记录填入表中，并提交给导师。

(2) 使用数据线将手机和计算机通过 USB 接口连接。

(3) 为了和一般等式相区别，有人也将符号“＝”改为“≡”，称为恒等号。

2. 满足

动词。使要求等得以实现。常用搭配“满足……条件/需要/需求”等。例如：

(1) 在正整数中找到满足方程 $x^3+y^3=z^3$ 的 x、y、z 是不可能的。

(2) 新企业的出现是为了有效满足特定的市场需求。

(3) 现在申请公租房越来越难，满足这三种条件的人员才有资格申请北京的公租房。

3. 均

书面语。副词。都；全。常用格式“均为……”。例如：

(1) 月底，本旅行社推出省内特价机票，各航班均三折。

(2) x、y 所对应的点 (x, y) 均在该一次函数的图像上。

(3) 在该数据中，中国汽车工业排名前十的企业出口额占销售收入的比重均为负值。

4. 该

指示代词。意思是“这个”，指上文中说过的人或事物。多用于书面语。例如：

(1) 一个数被 7 除，余数是 3；该数的 3 倍被 7 除，余数是多少？

(2) 如果打开了多个图形，那么只要在该图形的任意位置单击便可激活它。

(3) 一元一次方程 $ax+b=0$ 的解是 $x=-\dfrac{b}{a}$。当 a 等于 0、b 不等于 0 时，该方程无解。

5. 若……则……

表示假设关系。意思是“如果……就……”。还可以扩展为“若……且……，则……”格式。例如：

(1) 获奖者应参加由主办方统一安排的活动,若不参加则视为自动放弃权利。

(2) 若 $x+y=0$ 且 x 的立方根是 A,则 y 的立方根是 $-A$。

(3) 若"!"是一种数学运算符号,且 $1!=1$,$2!=2\times1$,$3!=3\times2\times1$,…,则 $\frac{100!}{98!}=9\,900$。

6. 由……得……

表示推理关系。常用格式还有"由……推得/推出/求得……"等。例如:

(1) 由方程 $3x+2=8$ 得 $x=2$。

(2) 已知三角形两条直角边的长度,由勾股定理可求得三角形斜边的长。

(3) 由双曲线定义可推得双曲线的方程为 $\frac{x^2}{a^2}-\frac{y^2}{b^2}=1(a、b>0)$。

7. 之

书面语。助词。用在定语和中心词之间组成偏正词组,相当于"的"。例如:

(1) 交易效率就是指交易的收益与成本之比。

(2) 在平面上,三角形的三个内角之和等于 $180°$。

(3) 在这个方阵中,一对角线上所有数字之积等于另一对角线上所有数字之积。

8. ……随着……而……

表示动作、行为或事件的发生依赖于一定的条件产生相应的变化。"随着"的后面常常加条件,"而"的后面一般只能带动词或动词短语,不能带小句。例如:

(1) 向日葵会随着太阳位置的变化而改变方向。

(2) 用户对宽带接入的需求会随着互联网的发展而迅猛增加。

(3) 函数指一个量随着另一个量的变化而变化,或者说一个量中包含另一个量。

9. 趋向

动词。朝着某个方向发展。常用格式"趋向于……"。还作名词。例如:

(1) 这个工厂由小到大,由简陋趋向完善。

(2) 随着3D技术与网络化、信息化的飞速发展,计算机辅助设计(Computer - aided Design,CAD)的应用也越来越广泛,用户需求也越来越趋向于个性化。

(3) 广义进化理论指出了从宇宙爆炸到人类社会发展这样一个进化的趋向。

比较：趋势 & 趋向

二者都可作名词。“趋势”强调事物发展的态势、状况；“趋向”强调事物发展的动态、方向，但是“趋向”的动词用法更常用。例如：

(1) 1984 年，世界各国的航天活动比往年更为活跃，航天技术发展的步伐有加快的趋势(趋向)。

(2) 新世纪经济全球化已成必然，这一趋势对各国传统文化产生了深刻冲击和巨大影响。

(3) 随着信息时代的到来，电子产品使用者逐渐呈现低龄化的趋势。

10. 对称

形容词。指图形或物体对某个点、直线或平面而言，在大小、形状和排列上具有一一对应关系。例如：

(1) 等边三角形是轴对称图形。

(2) 因为两个关于某直线对称的图形是可以互相重合的，所以它们一定全等。

(3) 对称能给人以美的享受，几何的中心对称、轴对称和镜面对称都给人以美感。

练习

一、熟读下列词语

图像　取值　集合　值域　指数　余弦　正切　相应　常数　象限

曲线　趋向　对称　因变量　解析法　抛物线　正比例　对数函数

二、仿照例子分别写出包含“域、法”的词语，并理解其意思

定义域____

解析法____

三、画图

1. 请画出一次函数 $y=-2x+5$ 的图像。

2. 请画出反比例函数 $y=\frac{8}{x}$ 的图像。

四、选词填空

该　将　其　之　均

1. 研究人员________这种新的碳结构称作“纳米泡沫”。

2. 北京小米公司是一家很有发展前景的创新型企业,________公司成立于2010年3月3日。

3. 我的本科、研究生和博士专业________为中国历史学。

4. 已知两个实数3和5,两数________积为15。

5. 只有熟练掌握网络技术,才能走进网络及________使用者的世界,才能有针对性地通过网络及时与网民进行沟通。

描　相应　选取　对称　满足

1. 符号1只能表示一个单位,若要表示十、百、千、万等,则需要在1的后面写上________个数的0。

2. 圆是二维世界中唯一具有完全旋转________性的曲线。

3. 请以自变量的值为横坐标、相应的函数值为纵坐标,________出表格中数值对应的各点。

4. 我们________这种特殊轨道,是由这些卫星的任务所决定的。

5. 一次函数解析式 $y=kx+b$ 中的 k 必须________两个条件:它必须是常数,且不等于0。

分支　趋向　特例　集合　下降

1. 初等数学包含许多个________,例如算术、数论、代数、几何、三角等。

2. 大众不是指单独的一个个体,而是一个________概念。

3. 由于海面上升或陆地________,造成海洋面积扩大、陆地面积减小。

4. 在该实验中,随着电子能量的增加,几组数据________于一致。

5. 高等数学把直线和平面作为曲线和曲面的________,并认为在一定的条件下,“直”与“曲”可以互相转化。

五、将下列词语组成句子

1. 称为 取值的集合 将 自变量 x 我们 函数的定义域

2. 变大 气体的体积 随 温度 而 升高

3. 特定的市场需求 为了 新企业的出现 是 满足

4. 坐标轴 反比例函数的 图像 无限 趋向于

5. 就是 其直径 圆周率 圆的周长 和 之比

六、用括号中的词语改写下列句子

1. 根据乘法交换律的定义，我们可以得出(25×17)×4=17×(25×4)。(由……可得……)

2. 目前这三支足球队的小组赛成绩都是四胜二负。(均)

3. “地”和“天”是相对的概念，是指人类居住的场所。(与……对应)

4. 汽车数量增加了，空气污染的问题也会越来越严重。(随着……而……)

5. 大部分飞机的机翼与机身是固定不动的，我们把这类飞机叫作定翼机。(将……称为……)

6. 如果这个算式中前三项之积为1，那么该算式的最终结果也是1。(若……则……)

七、根据课文内容判断对错

1. 正比例函数都是一次函数，一次函数不一定是正比例函数。 ( )
2. 一次函数的图像是一条经过原点的直线。 ( )
3. 反比例函数在每一象限内都是 y 随着 x 的增大而减小。 ( )
4. 对于正比例函数 $y=kx$（k 是常数，且 $k\neq0$），当 $k>0$ 时，x 和 y 同号，直线经过第二、三象限，直线从左向右上升，y 随着 x 的增大而增大。 ( )
5. 函数 $y=2x^2$ 的图像向上移动5个单位就会得到函数 $y=2x^2+5$ 的图像。( )
6. 二次函数的图像是双曲线，反比例函数的图像是一条永无止境的抛物线。 ( )

八、根据课文内容填空

1. 设在一个变化过程中有两个变量 x 和 y,如果对于 x 的每一个值,y 都有唯一的值与它对应,那么就说 x 是________,y 是 x 的________。

2. 我们将自变量 x 取值的集合称为函数的________,和自变量 x 的值对应的 y 值叫作函数值,函数值的集合叫作函数的________。

3. 一次函数的解析式为________,正比例函数的解析式为________,二次函数的解析式为________,反比例函数的解析式为________。

4. 一次函数的图像是一条________,二次函数的图像是一条________。正比例函数是一次函数的特例,其图像是________。

5. 二次函数中的 a 决定函数的开口方向。当 $a>0$ 时,开口方向________;当 $a<0$ 时,开口方向________。$|a|$还可以决定开口________,$|a|$越大,开口就________,$|a|$越小,开口就________。

6. 函数 $y=\frac{k}{x}$(k 是常数,且 $k\neq0$)的图像是________,当 $k>0$ 时,它的两个分支在________,在每一象限内 y 随着 x 的________而减小。

九、根据课文内容回答下列问题

1. 请列举出文中提到的几种常见函数。
2. 表示函数关系的方法通常有几种?分别是什么?
3. 一次函数 $y=kx+b$ 中的 k 和 b 需要满足什么条件?
4. 一次函数和正比例函数之间有什么关系?
5. 反比例函数图像的双曲线最终会与坐标轴相交吗?

十、想一想,说一说

数学在生活中处处可见,请结合生活中的实例说说怎么利用一次函数解决实际问题。

知识链接

1. 三角函数及其图像

正弦函数的表达式是 $y=\sin x$,它的定义域为$\mathbb{R}$,值域为$[-1,1]$。其图像如图 2-6 所示。

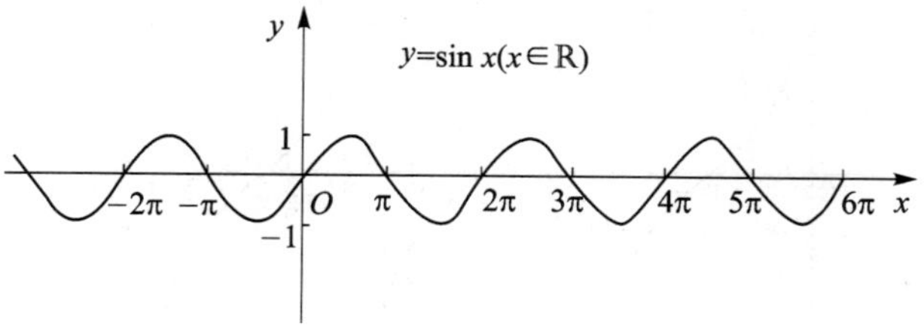

图 2-6　正弦函数图像

余弦函数的表达式是 $y=\cos x$，它的定义域为ℝ，值域为$[-1,1]$。将$y=\sin x$ 的图像向左移动$\frac{\pi}{2}$就可以得到 $y=\cos x$ 的图像。余弦函数图像如图 2-7 所示。

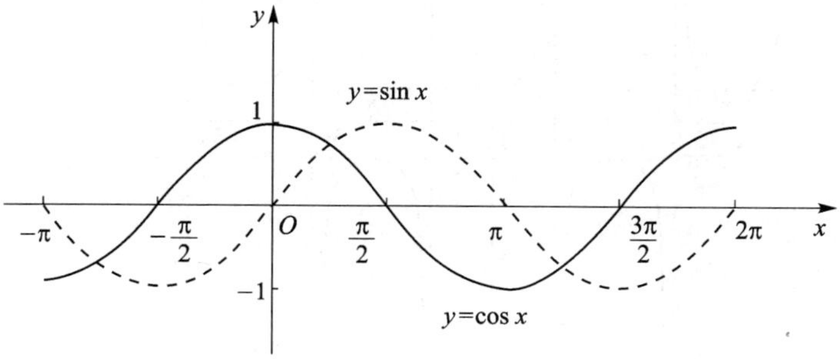

图 2-7　余弦函数图像

正切函数的表达式是 $y=\tan x$，它的定义域为$\{x \mid x\neq\frac{\pi}{2}+k\pi, k\in\mathbb{Z}\}$，值域为ℝ。其图像如图 2-8 所示。

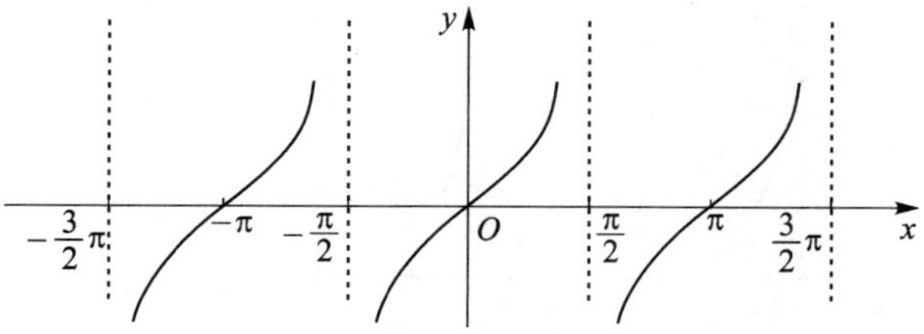

图 2-8　正切函数图像

余切函数的表达式是 $y=\cot x$，它的定义域为$\{x \mid x\neq k\pi, k\in\mathbb{Z}\}$，值域为ℝ。其图像如图 2-9 所示。

正割函数的表达式是 $y=\sec x$，它的定义域为$\{x \mid x\neq k\pi+\frac{\pi}{2}, k\in\mathbb{Z}\}$，值域为$\{y \mid y\geqslant 1$ 或 $y\leqslant -1\}$。其图像如图 2-10 所示。

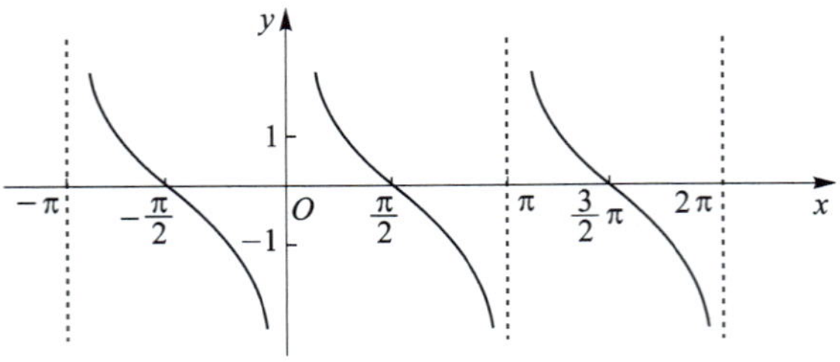

图 2-9　余切函数图像

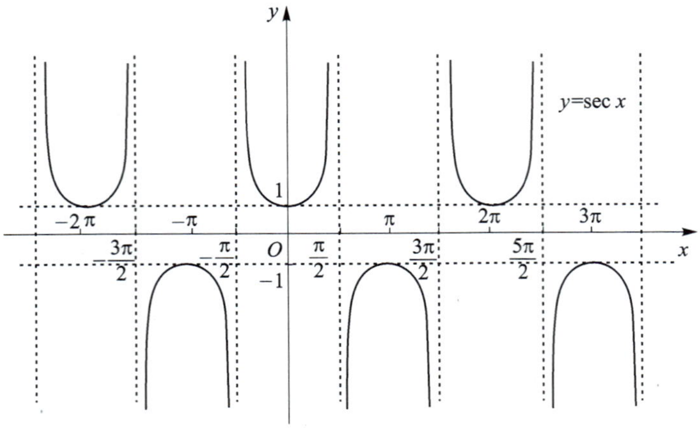

图 2-10　正割函数图像

余割函数的表达式是 $y=\csc x$，它的定义域为 $\{x \mid x \neq k\pi, k \in \mathbb{Z}\}$，值域为 $\{y \mid y \geqslant 1$ 或 $y \leqslant -1\}$。其图像如图 2-11 所示。

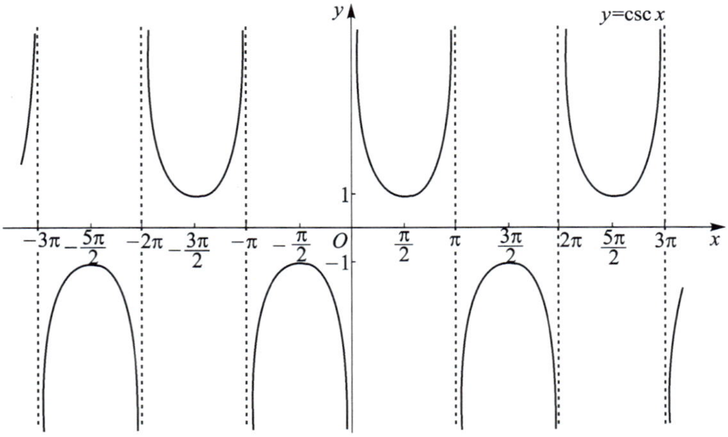

图 2-11　余割函数图像

2. 指数函数及其图像

指数函数的表达式是 $y=a^x$（a 为常数，且 $a>0, a\neq 1$），函数的定义域为 $\mathbb{R}$，值域为

$(0,+\infty)$。其图像如图 2-12 所示。

3. 对数函数及其图像

对数函数的表达式是 $y=\log_a x\,(a>0$，且 $a\neq 1)$，函数的定义域为 $(0,+\infty)$，值域为 $\mathbb{R}$。它是指数函数 $y=a^x$ 的反函数。其图像如图 2-13 所示。

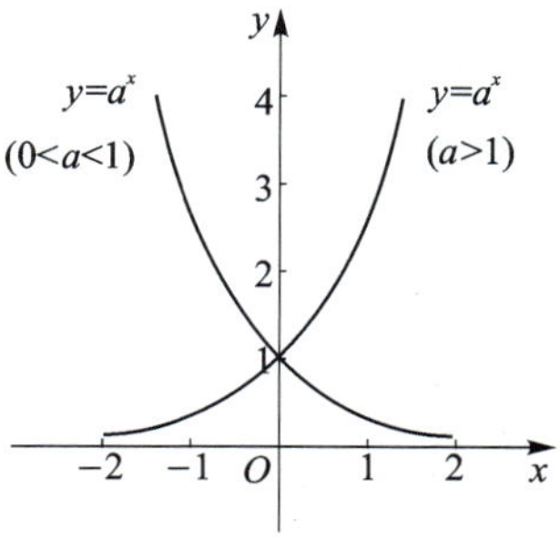

图 2-12　指数函数图像

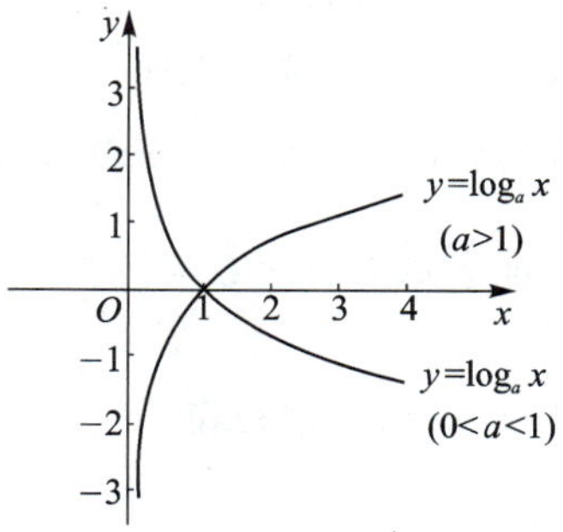

图 2-13　对数函数图像

相关阅读

函数的脾气

描写一个人，常常能用几句话简单地概括他的特征：是高个子还是矮个子？是胖还是瘦？是圆脸还是长方脸？是爱动还是爱静？是沉稳还是活泼？是上学还是工作？

对于一个函数，也常常从几个方面来了解它的总特征。知道了总特征，会方便我们更细致地了解它。

通常从这四个方面来了解一个函数：

第一，是有界还是无界。比如：$\sin x$、$\cos x$ 是有界的，它上不超过 1、下不小于 -1；x^2 有下界而无上界；$\tan x$ 没有上界，也没有下界。还有这样的函数，它在每个区间上都无界。例如：

$$f(x)=\begin{cases}0 & (\text{当 } x \text{ 是无理数时})\\ n & \left(\text{当 } x=\dfrac{m}{n} \text{ 时，} m \text{ 和 } n \text{ 的最大公约数(common divisor) 是 } 1\right)\end{cases}$$

你仔细想想，$f(x)$ 是不是在每个区间上都无界？

第二，有没有单调性(monotonicity)。像 $f(x)=x^3$，x 越大，$f(x)$ 也越大；$f(x)=[x]$（$[x]$ 表示 x 的整数部分，即不超过 x 的最大整数，例如 $[\pi]=3$），当 x 变大时，$f(x)$ 不会变小。这些都是单调递增(increase progressively) 函数。反过来，当 x 变大时，$f(x)$ 只

会变小或保持不变,这就是单调递减函数。常见的函数把定义域分成几段后,每段总是单调的。

第三,有没有周期性。如果 $T\neq 0$,使 $f(x+T)\equiv f(x)$,则 T 就是 $f(x)$的一个周期。通常说的周期是指函数的最小正周期。例如:$f(x)=\sin x$,周期是 2π;$f(x)=\tan x$,周期是 π。知道了 $f(x)$是周期函数,只要研究它一个周期的性质就够了。

第四,有没有奇偶性。若 $f(x)=f(-x)$,则 $f(x)$叫偶函数。若 $f(-x)=-f(x)$,则 $f(x)$叫奇函数。x 的绝对值、x^2、x^4、$\cos x$ 是偶函数,x、x^3、x^5、$\sin x$ 是奇函数。对于奇函数或偶函数,只要研究 $x\geqslant 0$ 的情形就够了。一个函数可以既不是奇函数,也不是偶函数,但是它总能表示成奇函数与偶函数之和。因为任意的 $f(x)$,$\frac{1}{2}[f(x)+f(-x)]$总是偶函数,$\frac{1}{2}[f(x)-f(-x)]$总是奇函数,而 $f(x)=\frac{1}{2}[f(x)+f(-x)]+\frac{1}{2}[f(x)-f(-x)]$既不是奇函数也不是偶函数。

在初等函数里,一次函数 $ax+b$ 当 $a>0$ 时递增,当 $a<0$ 时递减;幂函数(power function) x^k 当 k 是整数时,其不是奇函数就是偶函数;e^x 和 $\ln x$ 都是递增的;三角函数都是周期函数,而且不是奇函数就是偶函数。

根据文章内容回答下列问题:

(1) 我们可以从哪四个方面来了解一个函数?

(2) 函数 $f(x)=[x]$的单调性如何?

(3) 知道一个函数的周期性有什么作用?

(4) 试对 $f(x)=\sin x$ 进行分析:

① 它是否有界? 若有界,则其上、下界各是多少?

② 它是否是周期函数,周期是多少?

③ 分区间对其单调性进行说明。(只分析一个周期)

④ 它是奇函数还是偶函数?

(5) 一次函数在什么条件下递增? 在什么条件下递减?

第三课　空间几何体

课文

日常生活中常见的立体图形有柱体（圆柱、棱柱）、椎体（圆锥、棱锥）、台体（圆台、棱台）和球体（球）等。

1. 长方体、正方体

底面是矩形的直平行六面体叫作长方体。长方体的每一个矩形都是它的面，面与面相交的线叫作棱，三条棱相交的点叫作顶点，相交于一个顶点的三条棱分别叫作长方体的长、宽、高。

设一个长方体的长、宽、高分别为 a、b、c，则其表面积为：

$$S=2ab+2bc+2ca=2(ab+bc+ca)$$

它的体积 $V=abc$。

正方体是棱长相等的长方体，又称"立方体""正六面体"。因它是特殊的长方体，故计算表面积和体积时可参照长方体的相关计算公式。

设一个正方体的棱长为 a，则其表面积为：

$$S=6\times a\times a=6a^2$$

它的体积 $V=a\times a\times a=a^3$。

几何体（名）jǐhétǐ solid

立体（形/名）lìtǐ dimensional; solid
柱体（名）zhùtǐ cylinder
圆柱（名）yuánzhù circular cylinder
棱柱（名）léngzhù prism
棱（名）léng arris; edge
锥体（名）zhuītǐ cone; pyramis
圆锥（名）yuánzhuī circular cone
棱锥（名）léngzhuī pyramid
圆台（名）yuántái frustum of a cone
棱台（名）léngtái frustum of a pyramid
球体（名）qiútǐ sphere

长方体（名）chángfāngtǐ cuboid
正方体（名）zhèngfāngtǐ cube
底面（名）dǐmiàn base; underside
矩形（名）jǔxíng rectangle
平行（动）píngxíng parallel
六面体（名）liùmiàntǐ hexahedron
相交（动）xiāngjiāo intersect
顶点（名）dǐngdiǎn acme; vertex

表面积（名）biǎomiànjī surface area
体积（名）tǐjī volume

立方体（名）lìfāngtǐ cube
正六面体（名）zhèngliùmiàntǐ regular hexahedron
参照（动）cānzhào consult; refer to
公式（名）gōngshì formula

2. 圆柱、圆锥、圆台

将矩形、直角三角形、直角梯形分别绕着一条边、一条直角边、垂直于底边的腰所在直线旋转一周，形成的几何体分别叫作圆柱、圆锥、圆台。这条直线叫作轴，垂直于轴的边旋转一周而成的圆面叫作底面，不垂直于轴的边旋转而成的曲面称为侧面。圆柱、圆锥、圆台和球都属于旋转体。

若圆柱的底面半径为 r，且母线长（即高）为 l，则其侧面积 $S_1=2\pi rl$，表面积 $S_2=2\pi rl+2\pi r^2$。

三角形（名）sānjiǎoxíng triangle
梯形（名）tīxíng trapezoid
绕（动）rào to move or go around
垂直（动）chuízhí to be perpendicular; to be vertical
底边（名）dǐbiān base
旋转（动）xuánzhuǎn rotate
曲面（名）qūmiàn curved surface
侧面（名）cèmiàn lateral surface
侧（名）cè side
旋转体（名）xuánzhuǎntǐ rotating solid

半径（名）bànjìng radius
母线（名）mǔxiàn generatrix
侧面积（名）cèmiànjī lateral area

3. 棱柱、棱锥、棱台

有两个面互相平行，其余各面都是四边形，并且每相邻两个四边形的公共边都互相平行，由这些面所围成的几何体叫作棱柱。N 棱柱就是底面图形有 N 条边的棱柱。

有一个面是多边形，其余各面都是有一个公共顶点的三角形，由这些面所围成的几何体叫作棱锥。若其底面是正多边形，且顶点在底面内的射影是底面的中心，则该棱锥称为正棱锥。

用一个平行于棱锥底面的平面去截棱锥，得到两个几何体，一个仍是棱锥，另一个叫作棱台。截出的面叫作截面。

四边形（名）sìbiānxíng quadrilateral
相邻（动）xiānglín adjoin; to be adjacent
围（动）wéi enclose; surround

多边形（名）duōbiānxíng polygon
正多边形（名）zhèngduōbiānxíng regular polygon
射影（名）shèyǐng projection

截（动）jié cut
截面（名）jiémiàn cross section

4. 球

半圆以它的直径为旋转轴，旋转所成的曲面叫作球面，球面所围成的几何体叫作

直径（名）zhíjìng diameter

球体，简称球。该半圆的圆心叫作球心，连接球心和球面上任意一点的线段叫作球的半径。球心和截面圆心的连线垂直于截面。

若球的半径为 R，则球的表面积 $S=4\pi R^2$，体积 $V=\frac{4}{3}\pi R^3$。

简称（动/名）jiǎnchēng
to be called for short; shortened form
球心（名）qiúxīn center of sphere
线段（名）xiànduàn line segment

语言点

1. 于

介词。用在动词后，引出后面的宾语。常用格式“平行于/垂直于/全等于/相交于/交于……”等。例如：

（1）长方形的一边垂直于相邻边。

（2）$\triangle ABC \cong \triangle DEF$ 读作：三角形 ABC 全等于三角形 DEF。

（3）若线段 AB 与线段 CD 相交于 O 点（见图 3－1），则 $\angle AOC$ 与 $\angle BOD$ 互为对顶角。

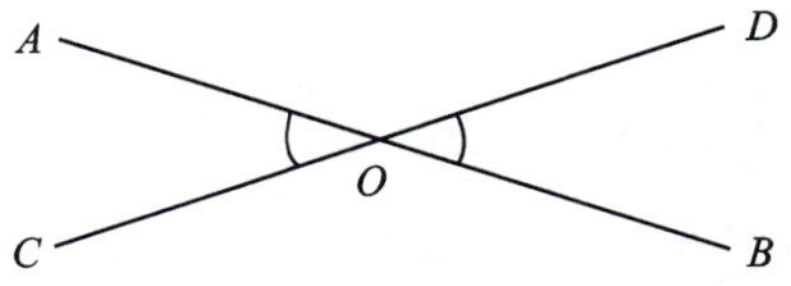

图 3－1　线段 AB 与线段 CD 相交

2. 故

连词。所以；因此。常用格式“（因）……，故……”。例如：

（1）因天气变化，故 F1 拉力赛推迟举行。

（2）因正方体是特殊的长方体，故计算表面积和体积时可参照长方体相关公式。

（3）电子窗户还能按用户的要求展示世界某一旅游胜地的风景，故有着广阔的销售前景。

3. 参照

动词。参考并仿照。常用搭配“参照……标准/方法/经验/公式”等。例如：

（1）尽管交通标志各种各样，但是它们都是参照安全信息国际标准来设计的。

(2) 乘客随飞机一起飞行,乘客究竟是静止的还是运动的,由观察者所参照的标准来决定。物理学上把这种参照标准叫作参考系。

(3) 他们在参照国内外样机图纸资料的基础上,自行研制出了这种型号的客机。

4. 绕

动词。围着转动。例如:

(1) 圆绕着圆心旋转任意一个角度,都能够与原来的图形重合。

(2) 因为宇宙飞船每 90 分钟绕地球一圈,因而宇航员每 90 分钟看见一次日出和日落。

(3) 线段 OA 绕它固定的一个端点 O 旋转一周,另一个端点 A 所经过的封闭曲线叫作圆。

5. 旋转

动词。物体围绕一个点或一个轴做圆周运动。例如:

(1) 螺旋桨旋转的速度比飞机本身的速度还要快得多。

(2) 卫星以 3 km/s 的速度旋转,它绕地球一周的时间恰好是一昼夜。

(3) 如果把一个图形绕着一个点旋转 180°后,它和另一个图形重合,那么我们说这两个图形关于这个点对称。

6. 截

动词。切断或割断长条形的东西。例如:

(1) 用这个截锯截一根直径为 1 米的原木,一个人 1 分钟就能截一段。

(2) 只有用垂直于对称轴的平面截圆柱,交线才是圆,否则交线是椭圆或直线。

(3) 我们用平行于圆锥底面的平面去截圆锥,截得夹在两平行平面之间的部分就是一个圆台(见图 3-2)。

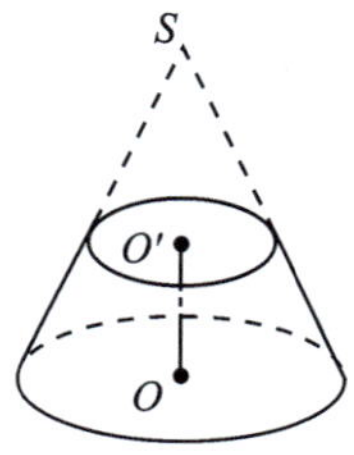

图 3-2 圆 台

7. 以……为……

意思是"把……作为……"。例如:

(1) 由于公司职员较多,这次郊游活动是以小组为单位组织的。

(2) 以线段 AB 为边,画一个正三角形。

(3) 一辆自行车以点 A 为起点,向点 B 方向行驶。

如果有两个“以……为……”句式并列，那么后面的“以”可以省略。例如：

以 O 为圆心、R 为半径，画一个圆。

8. 简称

动词。简单地称呼。还作名词。例如：

(1) 等腰三角形的性质定理：等腰三角形的两个底角相等，简称等边对等角。

(2) 纳维-斯托克斯(Navier - Stokes)方程，简称 NS 方程，是流体力学里最核心和最重要的方程，没有之一。

(3) “北航”是北京航空航天大学的简称。

练习

一、熟读下列词语

棱　腰　截　圆柱　棱锥　矩形　体积　参照　梯形　垂直　旋转　相邻　曲面

直径　射影　几何体　立方体　侧面积　直平行六面体

二、仿照例子分别写出包含“形、体、面”的词语，并理解其意思

梯　形 ______________________________

正方体 ______________________________

截　面 ______________________________

三、将图 3 - 3 立体图形分类补充完整

- 立体图形
  - 柱体
    - (　　)
    - (　　)
  - 锥体
    - (　　)
    - (　　)
  - 台体
    - (　　)
    - (　　)
  - 球体

图 3 - 3　立体图形分类

四、选词填空

相交　相邻　参照　简称　绕　截　围

1. 欧几里得几何认为,两条平行的直线永远无法________于一点。

2. 人类所使用的能量中有一部分是过去和现在太阳辐射的能量,________太阳能。

3. 正多边形任意两个________角的连线所构成的三角形是等腰三角形。

4. 除金星外,大多数行星逆时针________太阳公转,自转也都是逆时针的。

5. 请大家________课本中化学实验的步骤,自己独立完成这次实验。

6. "盲人方阵"就是要求学员蒙上眼睛后,用教练给的绳索________成一个面积最大的正方形。

7. 若拿一个平面去________圆锥曲面,随着角度的不同,则能得到圆、椭圆和抛物线。

表面积　体积　射影　公式　垂直　旋转

1. 物体所占空间的大小叫作物体的________,它常用的国际单位有立方米、立方分米、立方毫米等。

2. 地球并不是一个正圆形的球体,赤道有些微的鼓起。地球的________大约是 510 100 934 km^2。

3. 设三角形三边分别为 a、b、c,内切圆半径为 r,则三角形面积可用________表示为:$S=\frac{(a+b+c)r}{2}$。

4. 从一点向一个平面作垂线,所得的垂足就是这个点在这个平面上的________。

5. 在平面内,若一个图形绕着一个定点________一定的角度后能够与原图形重合,则这样的图形叫中心对称图形。

6. 若两个平面的二面角为直二面角,则这两个平面互相________。

五、将下列词语组成句子

1. 我们　实验报告　可以　参照　下面的格式　完成

2. 直角三角形　形成了圆锥　一条直角边　旋转一周　绕着

3. 用　平面　平行于底面的　这个棱锥　截

4. 作　点 O　为　端点　一条射线 OA　以

5. 正棱锥的顶点　底面的中心　在底面内　的射影　是

六、用括号中的词语改写下列句子

1. 在一个直角三角形 ABC 中，直角边 AB 跟另一条直角边 BC 垂直。（于）

2. 多边形紧挨着的两条边所组成的角叫作多边形的内角，简称多边形的角。（相邻）

3. 假设 p、q 是两个质数，那么关于 x 的方程 $x^2+px+q^4=0$ 的整数解仅有一组：-1 和 -16。（设……为……，则……）

4. 有这样一个命题：如果 $ab=0$，同时 a 不等于 0，那么 b 一定为 0。（若……，且……，则……）

5. 把直角梯形的一条直角边作为轴，绕这条直线旋转一周，形成的几何体叫作圆台。（以……为……）

6. 设三角形的三边长为 a、b、c，并且满足 $a^2+b^2=c^2$ 的条件，因此可推知此三角形是直角三角形。（……，故……）

七、立体图形填空

1. 图 3－4 所示是一个长方体，其中每个面都是________，又称________。线段 a、b、c 称为长方体的________、________、________。长方体相对的两个面面积相等，故其表面积公式为________________。

2. 图 3－5 所示是一个________，它是将直角梯形围绕垂直于________ a 的直线 b 旋转一周形成的。这条直线 b 叫作该旋转体的________，圆面 α 又叫作________。图 3－5 中两个圆面互相________。

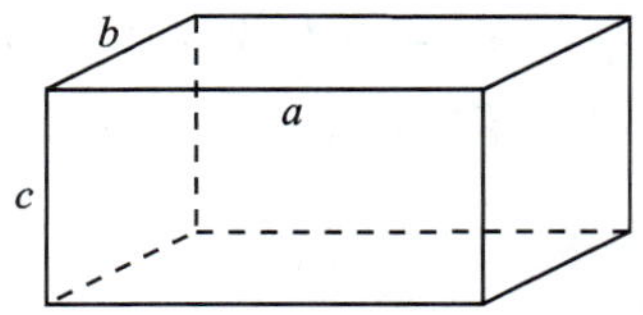

图 3－4　立体图形 1

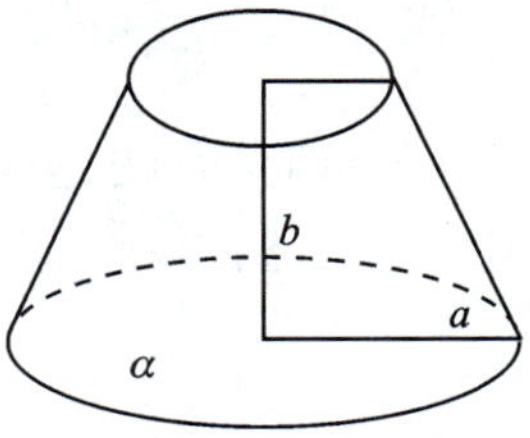

图 3－5　立体图形 2

3. 图 3－6 所示是一个棱锥，底面是________，其余各面都是有一个公共顶点的________。若其底面各边边长相等，是________，且顶点在底面内的________是底面的中心,则该棱锥称为________。

4. 图 3－7 所示是一个球体,________球。它的旋转轴是半圆的________所在的直线,图 3－7 中点 O 叫作________,连接点 O 与球面上任意一点的________叫作球的半径。

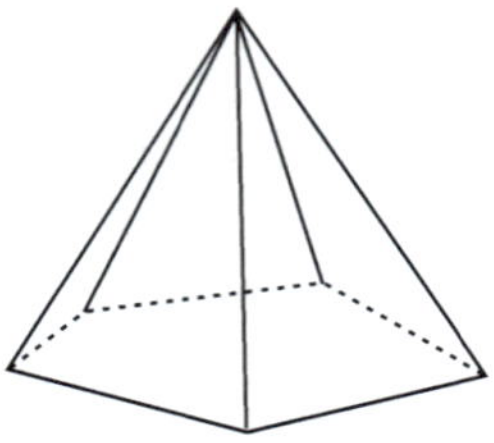

图 3－6 立体图形 3

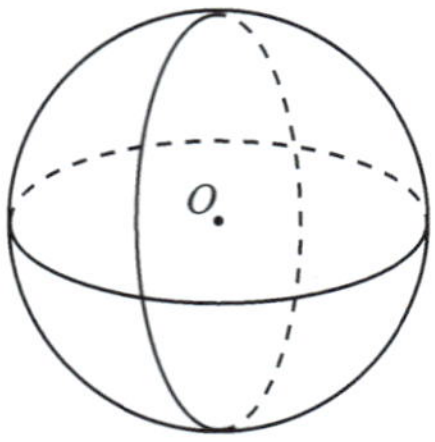

图 3－7 立体图形 4

八、根据课文内容判断对错

1. 底面是矩形的六面体叫作长方体。 (　　)

2. 正方体是棱长相等的长方体,又称“立方体”“正四面体”。 (　　)

3. 将直角梯形绕着垂直于底边的腰所在直线旋转一周,形成的几何体叫作圆台。 (　　)

4. 用任意一个平面去截棱锥,将会得到两个几何体,一个仍是棱锥,另一个是棱台。 (　　)

5. 棱柱有两个面互相平行,其余各面都是四边形,并且每相邻两个四边形的公共边都互相平行。 (　　)

6. 半圆以它的直径为旋转轴旋转所成的曲面叫作球面,球面所围成的几何体叫作球体。 (　　)

九、想一想,说一说

在日常生活中常见的具有空间几何体形状的物体有哪些？请举例说明。

知识链接

1. 线与线、线与面、面与面的关系

(1) 平行:平面上两条直线、空间的两个平面或空间的一条直线与一个平面之间不相交时的关系,如图 3－8、图 3－9、图 3－10 所示。在同一平面内,两条平行线永不相交。

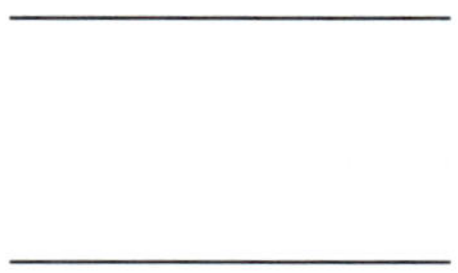

图 3－8 两条直线平行

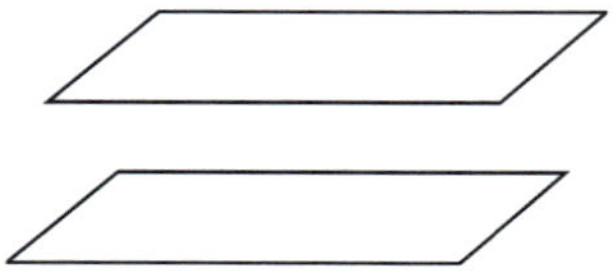

图 3－9 两个平面平行

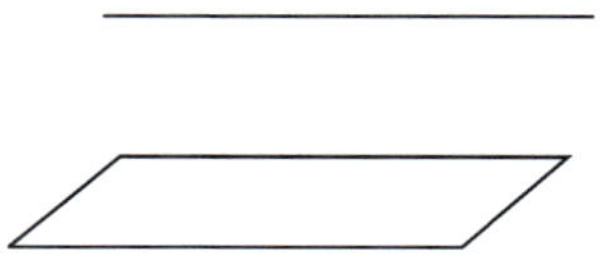

图 3－10 直线与平面平行

(2) 相交:如果两条直线在同一平面内既不平行也不重合,那么它们的关系就是相交,如图 3 - 11 所示。直线与平面相交(见图 3 - 12)、平面与平面相交(见图 3 - 13)亦同此。

图 3 - 11　两条直线相交

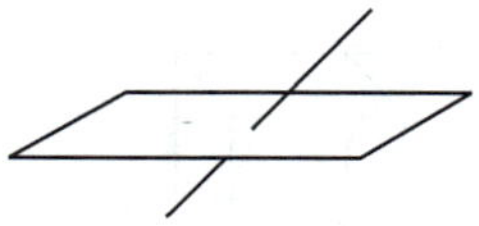
图 3 - 12　直线与平面相交

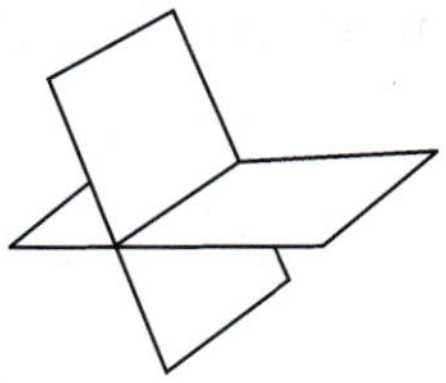
图 3 - 13　平面与平面相交

如果两个圆有两个公共点,那么就称这两个圆相交,如图 3 - 14 所示。

(3) 垂直:当两直线相交所组成的角为直角时,称它们互相垂直,如图 3 - 15 所示,其中一条直线 a 叫作另一条直线 b 的垂线。

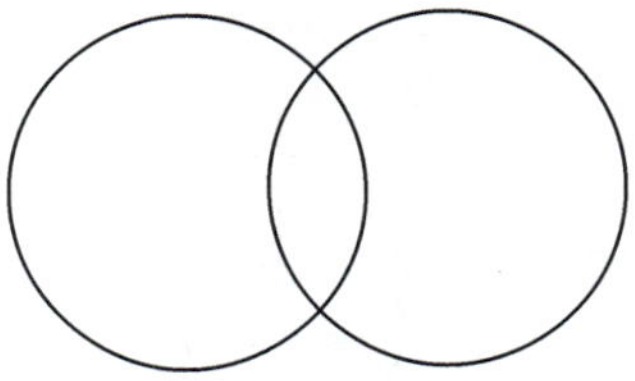
图 3 - 14　两个圆相交

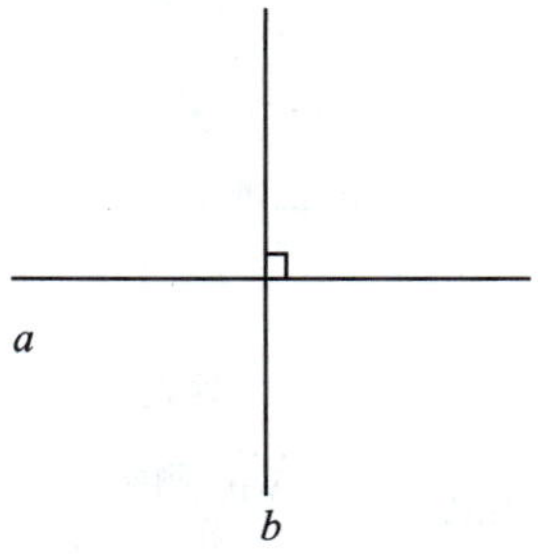

图 3 - 15　两条直线互相垂直

这一概念也可推广到两平面间垂直或直线与平面间垂直的情况。

2. 平面图形的名称

平面图形各部分的名称如图 3 - 16 所示。

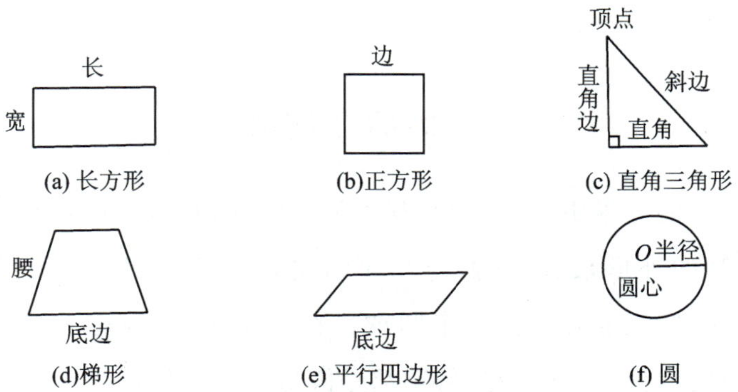

图 3 - 16　平面图形各部分的名称

3. 立体图形的名称

立体图形各部分的名称如图 3－17 所示。

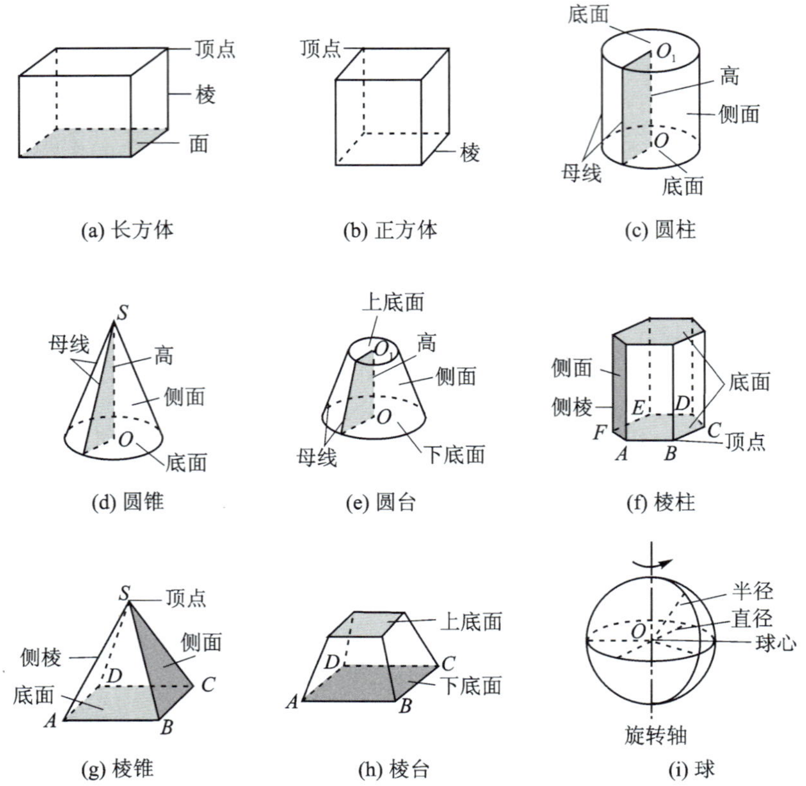

图 3－17　立体图形各部分的名称

相关阅读

身边的几何体

我们生活在图形的世界中,只要细心观察就会发现,几何就在我们身边。

首先,从动植物的外形来看,它们与几何的关系非常密切。无毒蛇头部一般呈圆锥状;蚯蚓体呈圆柱状;麻雀的外形像一个圆球连在一个椭圆(ellipse)球上,再接上一个扇形(尾巴)。许多植物的根、茎、叶、花、果实都是圆形的或圆柱形的。

裁出一个长方形,画出它的对角线(diagonal),如图 3－18 所示,然后把长方形卷成一个圆柱,对角线就成为一条圆柱螺旋线(helix)。圆柱面上不在一条母线上、也不在垂直于

母线的圆上的两点 A、B 之间的连线，以通过 A、B 的螺旋线(见图 3-19)距离最短。大自然就很巧妙地选择了这一生长规律，例如牵牛花等蔓生植物缠绕其他植物旋转生长的方向就是固定地按 AB 螺旋线的方向。大多数植物从右往左旋转，也有少数植物从左往右旋转。数学上把这样旋转的螺旋线分别称为右螺旋线和左螺旋线。

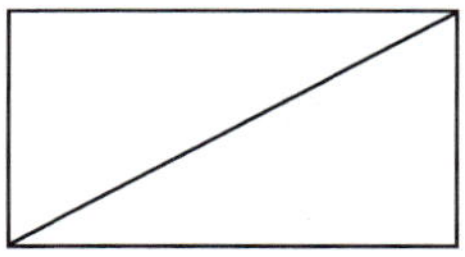

图 3-18　画出长方形的对角线

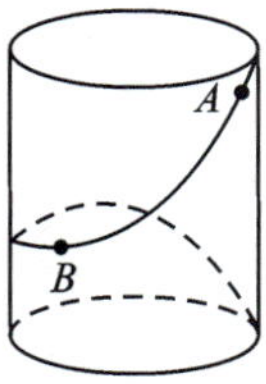

图 3-19　圆柱面上通过 A、B 的螺旋线

最让人惊叹的要数高明的“建筑师”——蜜蜂了。它们建造的蜂房不仅结构合理、有对称性，而且最省材料。蜂房上有许多蜂巢，取一个蜂巢来看，它是正六边形柱体，其上底由三个全等的菱形(rhombus)组成。经过实际计算测量，每个蜂房的体积几乎都是 0.25 cm^3，蜂巢顶部菱形互补的两角分别是 $109°28'$ 和 $70°32'$，用这样的角度来建造蜂房，在相同的容积下是最节省材料的。也就是说，这种奇妙的结构能够使蜂房表面积最小，最省料。这种充满空间的对称的蜂房的角和各个面都与菱形的十二面体的角一样。

除了动植物，人类日常生活中的许多事物也都与几何有着密切的关系。比如说足球，它其实是最有名的截角(sectional angle) 正二十面体。它的制作方法如下：把正二十面体的一个棱角(edge angle) 分成三等分，则以各顶点为中心切下的面呈正五边形且数量与原来正二十面体的 12 个顶点个数相同，而原来的 20 个正三角形从 3 个顶点被切成正六边形，这就是有 60 个顶点和 90 个棱角的截角正二十面体。用皮革制作这种多面体并打入气体，就是我们熟悉的足球。

另外，被广泛应用于体育场、温室、展览馆等建筑物的网格球顶，也是一个正二十面体。网格球顶是把正二十面体的正三角形面分成多个相同的正三角形，然后将这些相同的正三角形内接于球体内，最后将各顶点投射(project) 于球面而形成的。在表面积相同的立体图形中，球的体积最大，与球相似的网格球顶较其他形状的建筑物使用材料少、拥有空间大，而且又非常轻便、稳定、坚固，因而广受欢迎。

根据文章内容回答下列问题：

(1) 举例说明身边动植物的外形像什么几何体？

(2) 过圆柱表面且不在同一条母线上的两点 A、B 最短距离是什么？

(3) 蜂巢是怎样的几何体？其上底是什么形状？

(4) 为什么说蜜蜂是高明的“建筑师”?

(5) 足球是怎样的几何体? 它有几个顶点,几个棱角?

(6) 为什么说网格球顶较其他形状的建筑物使用材料少、拥有空间大?

第四课　力和牛顿运动定律

课文

1. 力

力是物体对物体的相互作用。常见的提、拉、推、压、挤等都是力的作用。力不能脱离物体而单独存在，在发生力的作用时，至少要有两个物体，一个是施力物体，一个是受力物体，二者没有明显区别，只是在研究问题时，常将施加这种作用的物体叫施力物体，受到这种作用的物体叫受力物体。

力有多种分类方法，根据力的性质可以分为重力、弹力、摩擦力、分子力等，根据力的作用效果可以分为拉力、压力、引力、阻力等。影响力作用效果的因素是力的大小、方向和作用点。在物理学中，把它们称为力的三要素。要完整地确定一个力，这三要素缺一不可。

2. 牛顿运动定律

物体在力的作用下发生形变或运动状态的改变。若要分析力和运动的关系，则离不开牛顿运动定律。

牛顿第一定律：一切物体总保持匀速直线运动状态或静止状态，除非作用在它上面的力迫使它改变这种状态。

物体所具有的这种保持其原有运动状

牛顿（专名）Niúdùn Isaac Newton
定律（名）dìnglǜ law

物体（名）wùtǐ object
相互（副/形）xiānghù each other；mutual
脱离（动）tuōlí to separate oneself from
施加（动）shījiā exert

重力（名）zhònglì gravity
弹力（名）tánlì elastic force
摩擦力（名）mócālì frictional force
摩擦（动/名）mócā rub；friction
分子力（名）fēnzǐlì molecular force
分子（名）fēnzǐ molecule
拉力（名）lālì pulling force
引力（名）yǐnlì gravitation
阻力（名）zǔlì resistance
作用点（名）zuòyòngdiǎn application point
要素（名）yàosù essential factor
缺一不可 quēyībùkě indispensable

形变（名）xíngbiàn deformation

匀速 yúnsù uniform velocity
直线运动 zhíxiàn yùndòng rectilinear motion
静止（动）jìngzhǐ to be in static
迫使（动）pòshǐ force

具有（动）jùyǒu possess

态不变的特性叫作惯性。如图 4 – 1 所示，当行驶中的汽车突然刹车时，乘客身体会向前倾；当汽车突然开动时，乘客身体会向后仰。这个例子常被用来解释惯性。

特性（名）tèxìng specific property
惯性（名）guànxìng inertia
行驶（动）xíngshǐ drive
刹车（动）shāchē brake
倾（动）qīng lean
仰（动）yǎng to face upward

图 4 – 1　惯性现象示意图

惯性的发现，让人们注意到惯性支配下的物体运动和物体在力的作用下的运动是不一样的。前者保持物体运动状态不变，而后者却能改变物体的运动状态。因此，力是改变物体运动状态的原因。

支配（动）zhīpèi govern

牛顿第二定律：物体加速度的大小跟它受到的作用力成正比，跟它的质量成反比，加速度的方向跟作用力的方向相同。

加速度（名）jiāsùdù acceleration
作用力（名）zuòyònglì acting force
质量（名）zhìliàng mass

牛顿第二定律可以表示成等式

$$\boldsymbol{F}=m\boldsymbol{a}$$

也可以表示成

$$\boldsymbol{a}=\frac{\mathrm{d}^2\boldsymbol{r}}{\mathrm{d}t^2} \tag{4-1}$$

式(4 – 1)称为质点的运动方程。

等式（名）děngshì equality
质点（名）zhìdiǎn mass point
方程（名）fāngchéng equation

牛顿第二定律指明了力是物体产生加速度的原因，定量地表述了物体的加速度与所受外力之间的关系。在相同的外力作用下，物体的质量与加速度成反比，质量大的物体获得的加速度小。这意味着质量越大的物体，其运动状态越不容易改变，即惯性越大；反之，惯性越小。

指明（动）zhǐmíng to point out
定量（动）dìngliàng quantify
表述（动）biǎoshù to state one's views
外力（名）wàilì external force
意味着（动）yìwèizhe mean
反之（连）fǎnzhī on the contrary

牛顿第三定律：两个物体之间的作用力

和反作用力总是大小相等、方向相反，作用在同一条直线上。表达式为 $F=-F'$。

牛顿第三定律表明：对于每一个作用力，必定有一个等值反向的反作用力；作用力和反作用力总是成对出现的，它们同时存在、同时消失；作用力和反作用力分别作用于不同的物体上，且属于同一性质的力，如果作用力是摩擦力，那么反作用力也是摩擦力。

牛顿运动定律一般是对质点而言的，但这并不限制其广泛适用性，因为复杂的物体可以看作质点的组合。从牛顿运动定律出发，可以推导出刚体、流体、弹性体等的运动规律，从而建立起整个经典力学体系。

反作用力（名）fǎnzuòyònglì reacting force
表达式（名）biǎodáshì expression

必定（副）bìdìng certainly
等值（名）děngzhí equivalence

推导（动）tuīdǎo deduce
刚体（名）gāngtǐ rigid body
流体（名）liútǐ fluid body
弹性体（名）tánxìngtǐ elastic body
力学（名）lìxué mechanics
体系（名）tǐxì system

语言点

1. 相互

副词。表示彼此对等地进行相应的动作或具有相同的关系。修饰双音节动词。例如：
(1) 信息产业与传统产业既相互竞争又相互促进。
(2) 在牛顿力学中，时间、空间和物质运动都是相互独立、彼此无关的。
形容词(属性词)。表示两相对待的。修饰个别名词。例如：
(1) 两国领导人多次互访，增进了相互的了解和信任。
(2) 化学研究的对象涉及物质之间的相互关系，或物质和能量之间的关联。

比较：互相 & 相互

二者意思相同。“互相”只作副词，一般作状语；“相互”还作形容词。“互相”通用于口语和书面语；“相互”多用于书面语。例如：
(1) 人类社会与环境密切联系，互相(相互)制约、互相(相互) 影响。
(2) 两个物体之间力的作用总是相互的。
(3) 当两个氢原子互相(相互)接近形成氢分子时，原子之间有密切的相互作用。

2. 者

助词。用于“二/三”等数词和“前/后”等方位词后面，指上文所说的事物。例如：

(1) 计算机工程学主要研究计算机软硬件和二者间的彼此联系。

(2) 月球绕着公转中的地球自西向东旋转，太阳、地球、月球三者之间的相对位置在不断发生变化。

(3) 如果一个整数能被另一个整数整除，那么后者就是前者的因数。

3. 跟(和/同/与)……成正比/反比

表示两个事物或一事物的两个方面，当一方发生变化时，另一方随之起相应的或相反的变化。例如：

(1) 两个物体间的滑动摩擦力的大小跟这两个物体表面间的压力大小成正比。

(2) 一定质量的气体，在温度不变的情况下，它的压强跟体积成反比。

(3) 任何物体之间都有相互吸引力，这个力的大小与各个物体的质量成正比，而与它们之间的距离的平方成反比。

4. 指明

动词。明确指出。例如：

(1) 要把一个力完全表达出来，除了要说明力的大小外，还要指明力的方向。

(2) 某一类的词都有其所指明的语法意义，例如，名词指明“事物”，动词指明“动作”，形容词指明“性质”。

(3) 调查报告清楚指明：转基因农作物的种植和使用对动物和生态环境有潜在的安全威胁。

比较：表明 & 指明

二者都是动词，都有清楚而明白地让别人知道的意思。“表明”指把含有的思想、感情、意思、意义等清楚地表示出来。常用搭配“表明……态度/立场/观点”等，也常带小句宾语。例如：

(1) 对这件事，是支持还是反对，你要表明态度。

(2) 各种实验表明，在宇宙空间并不存在完全没有物质的绝对真空。

(3) 浮力定律表明，一个物体要想浮在一种液体表面，其平均密度应该比液体密度小。

5. 表述

动词。说明;述说。常用格式"表述为……""将/把……表述为……"。例如:

(1) 安培用微分方程的形式表述了两个电流之间的相互作用力。

(2) 经济学家将"市场"这一术语表述为买主和卖主的集合。

(3) 在哲学发展史上,黑格尔对否定之否定规律第一次作了明确的表述。

比较:表达 & 表述

二者都是动词。"表达"是指表示思想、感情;"表述"是指解释说明或述说思想、观点、看法等。例如:

(1) 公众通过新闻媒介表达对该事件的态度和看法。

(2) 他善于把许多深奥的道理和复杂的问题,用简明生动的语言表达出来。

(3) 语言表达能力分为口头语言表达能力和书面语言表达能力。

6. 反之

连词。与之相反;反过来说或反过来做。用在两个小句、句子、段落中间,起转折作用,引出同上文相反的另一意思。例如:

(1) 物体的分子运动得越快,物体就越热;反之就越冷。

(2) 商品成本降低,利润增加;反之,成本上升,利润下降。

(3) 自然环境的每次重大变化,都给人类社会带来巨大影响。反之,人类的活动,也同样影响、改变着自然环境。

7. 对……而言

指出论述的对象或范围。多用于书面语。常用格式还有"相对于……而言"。例如:

(1) 物体位置不断变化的现象一般指一个物体和其他物体之间相对位置的变化,说某物体运动常是对另一物体而言的。

(2) 质点的角动量是对一定点而言的,在刚体的定轴转动中,其角动量却是对固定转轴而言的。

(3) 人们生活在地球上,很自然地是以地球为参考系,所指的空气运动速度和加速度都是对地球而言的。

8. 从……出发

考虑或处理问题时以某一方面为着眼点。例如:

(1) 从运动学方程出发,可以求出质点在任意时刻的位置矢量、速度和加速度。

(2) 在20世纪初,爱因斯坦从相对论思想出发,推导出了著名的质能关系式:$E=mc^2$。

(3) 社会学是从社会整体出发,通过社会关系和社会行为来研究社会的结构、功能、发生发展规律的综合性学科。

9. 体系

名词。若干有关事物或某些意识互相联系而构成的一个整体。例如:

(1) 科学是建立在事实和经验基础上的知识体系。

(2) 文字是记录语言的符号体系,是最重要的扩大语言交际作用的辅助工具。

(3) 中国的教育体系包括基础教育、职业教育、高等教育、继续教育四大类别。

比较:系统 & 体系

二者都是名词。"系统"是指由同类事物按一定关系组成的整体。"系统"可以是抽象的,也可以是具体的;"体系"是抽象的。"系统"还可作形容词,表示有条理的、有系统的。例如:

(1) 自然系统包括生态平衡系统、生命机体系统、天体系统、物质微观结构系统以及社会系统等。

(2) 这次展览通过大量的标本、照片和文字说明,对濒危动物白豚的历史和现状进行了系统的介绍。

(3)《九章算术》全面系统地总结了中国古代数学的成就,是世界著名数学著作之一。

练习

一、熟读下列词语

施加　弹力　摩擦　形变　迫使　惯性　前倾　后仰　质点　定量　推导　刚体

作用点　加速度　表达式　匀速直线运动　牛顿运动定律

二、仿照例子分别写出包含"力、律、学"的词语,并理解其意思

重力____________________

定律____________________

力学____________________

三、将下列反义词用线连起来

推	反
倾	受力
正	静止
施力	拉
存在	仰
运动	消失

四、选词填空

匀速　形变　要素　特性　刚体　体系

1. 音高、音重、音长、音质就是一般所说的声音的四个________。

2. ________运动的物体速度稳定，不会加速或减速。

3. 心理学的应用范围越来越广，逐步产生许多分支学科，形成了一个庞大的________。

4. 不论是否受力，________内任意两点的距离都不会改变。

5. 硅是一种晶体，受压力变形后，它能恢复到原来的形状，不会产生永久________。

6. 科学区别于哲学的一个重要的________是具有严密的实证性。

倾　仰　指明　表明　表述　推导

1. 统计数据________，在过去的100年间全球气温平均上升了约0.7摄氏度。

2. 飞机左侧受到的阻力变大，导致机身向左________。

3. 查理定律可以________为：一定质量的气体，在体积不变的情况下，它的压强跟其热力学温度成正比。

4. 流鼻血的时候，别将头往后________。

5. 根据万有引力定律和牛顿第二定律，可以________出人造卫星绕地球运动的微分方程。

6. 我们有时为了方便，只说物体受到了力，而没有________施力物体，但施力物体一定是存在的。

相互　必定　施加　脱离　迫使　支配

1. 高压气体与低压气体以管道相通，气体________从高压处流向低压处。

2. 大脑是人体的神经中枢，人体的一切生理活动都由大脑________和指挥。

3. 当多级火箭上一级的燃料用完后，立即从整体中________，下一级火箭的发动机开始工作，使飞行器继续加速前进。

4. 人的感觉器官同时受两个以上客体刺激，就会________干扰。

5. 对一块坚硬的钢板，只要________足够大的外力，也会使其弯曲甚至断裂。

6. 当分子、原子相互接近时，双方很强的相互斥力________它们在接触前就偏离了原来的运动方向而分开。

五、将下列词语组成句子

1. 力　物体　不能　而　脱离　单独存在

2. 相互　两个物体　必定　弹力作用　有　接触

3. 可以　分为　按照用途　把　和　塑料　通用塑料　工程塑料

4. 进行　数量分析　定量研究　对　是　事物

5. 物体　特性　惯性　叫作　保持　所具有的　其原有运动状态不变的

六、用括号中的词语改写下列句子

1. 当一种物质存在于另一种物质内部时，后一种物质就是前一种物质的介质。(……者)

2. 单摆的摆长越长，其振动周期越长；单摆所受的重力加速度越大，其振动周期越短。(跟……成正比/反比)

3. 劳动生产率的提高，说明一定数量的劳动力在单位时间内能生产更多的产品。(意味着)

4. 声音的高低主要是由声波的振动频率决定的。声波的振动频率愈高，听到的声音就愈高；声波的振动频率愈低，听到的声音就愈低。(反之)

5. 想象一列 90 米长的火车在以光速的 60% 的速度行驶，对于立在站台上望着它驶过的人来说，那列火车看上去会只有 70 余米长，车上的一切都会同样缩小。(对……而言)

6. 热力学以能量观点为着眼点，分析研究在物质热运动状态变化过程中有关热功转化的关系和条件。(从……出发)

七、根据课文内容填空

1. 力是物体对物体的________作用。

2. 影响力作用效果的因素是力的________、方向和________。在物理学中，把它们称为力的________。

3. 一切物体总保持________________状态或静止状态，除非作用在它上面的力________它改变这种状态。

4. 物体加速度的大小跟它受到的作用力________，跟________成反比，加速度的方向跟作用力的方向________。

5. 质量越大的物体，其________越不容易发生改变，即________越大，反之，惯性________。

6. 两个物体之间的作用力和反作用力总是大小________，方向________，作用在同一条________上。

八、根据课文内容回答下列问题

1. 什么是施力物体？什么是受力物体？

2. 我们可以根据什么对力进行分类？分别有哪些具体形式的力？

3. 什么叫作惯性？请举例说明。

4. 牛顿第二定律如何表述？

5. 牛顿第三定律说明了什么？

6. 牛顿运动定律的适用范围是什么？

九、想一想，说一说

在日常生活中随处可见牛顿运动定律的应用，请举例说明。

知识链接

胡克定律

物体在发生形变后，如果撤去作用力能够恢复原状，那么这种形变叫作弹性形变(elastic deformation)。如果形变过大，超过一定的限度，撤去作用力后物体不能完全恢复原来的形状，那么这个限度叫作弹性限度(elastic limit)。

英国科学家胡克经过研究发现，在弹性限度内，当弹簧发生弹性形变时，弹力 F 的大小跟弹簧伸长(或缩短)的长度 x 成正比，即

$$F = kx \quad (4-2)$$

这个规律叫作胡克定律(Hooke's law)。式(4-2)中弹力 F、弹簧伸长(或缩短)的长度 x 的单位分别是牛顿(N)、米(m);k 叫作弹簧的劲度系数(coefficient of stiffness),单位是牛顿每米,符号是 N/m。

生活中常说的有的弹簧"硬"、有的弹簧"软",指的就是它们的劲度系数不同。

相关阅读

火箭为什么能飞向太空?

人类如果建造梯子去登天,那么从地球到月球的梯子长度将达 38 万千米,这简直是不可思议的事。为了实现登天的梦想,人类只有建造天梯——火箭。长征五号 B 遥三运载火箭如图 4-2 所示。

火箭是实现航天飞行的运载工具,它是怎么飞行的呢?看似复杂的火箭,原理其实非常简单。早在 17 世纪,牛顿就很清晰地进行了描述:如果以一定速度向后抛出一定质量,就会受到一个反作用力的推动,向前加速。我们先来做一个小试验:把气球吹满气,先用手捏住出气口,然后一松手,你会发现气球向前"飞"出一定距离。这是由于气球内的气体从出气口喷出,产生反作用力,推动气球向前"飞"。

图 4-2 长征五号 B 遥三运载火箭

火箭飞行的原理和气球"飞"的原理一样,都是利用了物体的反作用力。火箭发动机点火以后,推进剂(propellant)在燃烧室里燃烧产生大量高压气体,高压气体从发动机喷管高速喷出,对火箭产生反作用力,使火箭沿气体喷射的反方向前进。

火箭为什么能飞得那么快呢?关键在于它能产生足够大的推力,使其速度达到第一宇宙速度,即 7.9 千米/秒。1903 年,齐奥尔科夫斯基(Konstantin Tsiolkovsky)提出,火箭发动机喷出气体的速度、携带燃料质量与自身质量的比例直接影响火箭的最终速度。所以,火箭要达到或超过第一宇宙速度进行太空航行,必须提高发动机的喷气速度,减小自身质量,装入更多的燃料。但是,长期以来,单级火箭始终达不到第一宇宙速度。于是,科学家们想出一个绝妙的办法,就是把多级火箭串在一起,在一级火箭的燃料用完后,就将其壳体抛掉,这样火箭就越飞越轻,速度也越来越快,再加上离地球越来越远,地心引力和空气阻力等都随之减小,火箭便可以获得超过其他任何交通工具的速度。

无论单级火箭还是多级火箭,一般来讲都有三大系统:结构系统、动力系统、控制系统。结构系统是它的躯壳,保护内部各组织;动力系统是它的心脏,由燃料部分和发动机部分组成;控制系统好比它的大脑,指挥火箭飞多快、怎样飞和飞到哪儿。火箭在控制系统的指挥下,依靠动力系统提供的强大推力,各个系统协同配合,最终把人造卫星、载人飞船、空间站或空间探测器(space probe)等载荷送到预定的轨道(orbit)。

根据文章内容回答下列问题:

(1) 火箭飞行的原理是什么?

(2) 齐奥尔科夫斯基认为影响火箭最终速度的因素是什么?

(3) 为什么火箭要做成分级的?

(4) 火箭的基本构造是怎样的? 各个系统分别起什么作用?

第五课 机械能、内能和能量守恒定律

课文

如图 5－1 所示，手推车在推力的作用下前进，在推力的方向上移动了距离，我们就说推力对手推车做了功。通常而言，如果一个力作用在物体上，物体在这个力的方向上移动了一段距离，那么就说这个力对物体做了功。作用在物体上的力越大，物体在力的方向上移动的距离越大，力对物体做的功就越多。

机械能（名）jīxiènéng mechanical energy
机械（名）jīxiè machinery
内能（名）nèinéng internal energy
能量守恒定律（名）néngliàng shǒuhéng dìnglǜ conservation of energy law
能量守恒 néngliàng shǒuhéng conservation of energy
能量（名）néngliàng energy
守恒（动）shǒuhéng conserve

推力（名）tuīlì thrust
前进（动）qiánjìn advance
移动（动）yídòng move
功（名）gōng work

图 5－1　前进中的手推车

1. 机械能

物体能够对外做功，我们就说物体具有能量，简称能。前进的手推车具有能量，是因为它在运动。物体由于运动而具有的能量叫动能。一切运动的物体都具有动能。质量相同的物体，运动速度越大，它的动能越大；运动速度相同的物体，质量越大，它的动能也越大。

做功（动）zuògōng to do work
动能（名）dòngnéng kinetic energy

如图 5－2 所示，打桩机在工作时，被高高举起的重锤下落，把桩打进地里，重锤对桩做了功，这说明高处的重锤具有能量。在地球表面附近，物体由于受到重力并处在一定高度时所具有的能量叫重力势能。物体的质量越大，位置越高，它具有的重力势能就越大。

打桩机（名）dǎzhuāngjī pile driver
重锤（名）zhòngchuí heavy hammer
下落（动）xiàluò drop; fall
重力势能（名）zhònglì shìnéng gravity potential energy
势能（名）shìnéng potential energy

图 5－2　工作中的打桩机

如图 5－3 所示，在射箭时，被拉弯的弓发生弹性形变把箭射出去，这说明被拉弯的弓也具有能量。物体由于发生弹性形变而具有的能量叫弹性势能。物体的弹性形变越大，它具有的弹性势能就越大。

射（动）shè shoot
箭（名）jiàn arrow
弯（形/动）wān bent; bend
弓（名）gōng bow
弹性（名）tánxìng elasticity
弹性势能（名）tánxìng shìnéng elastic potential energy

图 5－3　射　箭

重力势能和弹性势能是常见的两种势能。势能和动能统称为机械能。一个物体可以既有势能又有动能。比如飞行中的飞机，因为它处于高空中所以具有重力势能，又因为它在运动所以具有动能，把这两种能量加在一起就能得到它的机械能。

在生活中,我们经常可以看到势能和动能相互转化的例子。前面提到的被举高的重锤具有势能,它在下落的过程中,高度不断降低,速度不断增大,它的势能逐渐减少,动能逐渐增加,势能转化为动能。再比如,如图5-4所示,跳板跳水运动员在起跳时下压跳板,跳板发生弹性形变,动能转化为弹性势能;当跳板反弹时,弹性势能转化为动能;运动员在上升过程中,动能转化为重力势能;运动员在下落过程中,重力势能转化为动能。(以上过程不考虑空气阻力)在整个过程中,机械能的总量保持不变。

转化(动)zhuǎnhuà convert
跳板(名)tiàobǎn springboard
起跳(动)qǐtiào to take off
下压(动)xiàyā to press downward
反弹(动)fǎntán bounce
总量(名)zǒngliàng total

图5-4 跳板跳水

2. 内能

机械能与物体的整个机械运动情况有关。而在物体内部,构成物质的分子也在不停地做热运动,从而具有动能;另外,因为分子之间存在类似弹簧形变时的相互作用力,所以分子也具有势能。分子动能和势能的总和叫作物体的内能。

机械运动 jīxiè yùndòng mechanical motion
有关(动/介)yǒuguān to relate to;about
构成(名/动)gòuchéng composition;constitute
热运动 rèyùndòng thermal motion
弹簧(名)tánhuáng spring

跟机械能一样,内能也可以做功。人类发明、制造了各种利用内能做功的机械——

热机。热机的种类很多，内燃机是最常见的一种。在当代，汽车作为重要的交通工具，它的动力机械就是内燃机。汽车在行驶时，燃料的化学能通过燃烧转化为燃气的内能，进而再通过热机做功把内能转化为机械能。在这一过程中，燃料的化学能一部分转化为机械能，一部分转化为热机和周围环境的内能。

热机（名）rèjī heat engine
内燃机（名）nèiránjī internal-combustion engine
当代（名）dāngdài the present age
动力（名）dònglì motive power
燃料（名）ránliào fuel
化学能（名）huàxuénéng chemical energy
燃烧（动）ránshāo burn
燃气（名）ránqì gas
进而（连）jìn'ér furthermore

3. 能量守恒定律

总之，大量事实表明：能量既不会凭空消失，也不会凭空产生，它只会从一种形式转化为其他形式，或者从一个物体转移到其他物体，而在转化和转移的过程中，能量的总量保持不变。这就是能量守恒定律。

大量（形）dàliàng a lot of
凭空（副）píngkōng groundlessly
转移（动）zhuǎnyí transfer

语言点

1. 由于……而……

表示因果关系。“由于”可以放在主语前面或者后面，表示原因；“而”后紧接动词，把前面表示原因的成分连接到动词上面。例如：

(1) 在这次活动中，由于人多拥挤而导致玻璃大门破碎，有十余名顾客受伤。

(2) 普朗克曾说：“新的理论很少由于理性地说服了对手而得到认可，人们只需等待，直到对手死去。”

(3) 在 1901 年，伦琴由于发现 X 射线而成为世界上第一个诺贝尔物理奖获得者。

2. ……度

后缀。加在名词、动词、形容词后构成名词。表示程度、幅度。例如：

坡度、弧度、跨度、倾斜度、亮度、硬度、浓度、灵敏度。

3. 转化

动词。转变;改变。表示事物性质或形态的变化,或由此事物变成他事物。常用格式"……转化为/成……"。例如:

(1) 当今科学技术日益转化为直接的生产力,大大提高了劳动生产率。

(2) 在踢足球时,当足球离开脚后,在球场上越滚越慢,最后停了下来,足球的机械能转化为内能,能量的形式发生了变化。

(3) 科学家们曾观测到中微子在飞行中数量减少、转化成另一种中微子的现象。

4. 有关

动词。有关系。可以做定语。常用格式"……与/跟/和……有关"。例如:

(1) 能量是一个比较抽象的概念,我们既不能看到它,也不能摸到它,只能通过有关的物理现象来肯定它的存在。

(2) 按照燃素说的解释,燃烧现象必有物质要素的分解和化合,而且这一过程与空气中的某种气体有关。

介词。涉及。例如:

(1) 他研究了历代有关水利问题的著作。

(2) 在报告中,他介绍了有关神舟五号载人飞船发射的情况。

比较:相关 & 有关

二者都有关联的意思。"相关"只作动词,指两个方面的事物互相关涉;前面常用"直接/紧密/密切/彼此/毫不"等定语进行修饰限定,表示相互关联的程度;在科技文体中,常跟名词一起构成专业术语,如"相关性、相关系数、相关分析"等。"有关"指某事物涉及的多个方面。例如:

(1) 近年来,我国相关(有关)部门翻译出版了国外许多重要的科技书籍,其中包括一些在西方读书界享有盛名的大学物理学教程。

(2) 大气中发生的一切现象和过程,都与太阳能及其转化密切相关。

(3) 经研究发现,青藏铁路沿线年平均气温与太阳黑子周期长度具有显著的负相关,相关系数高达−0.91。

5. 构成

名词。结构。例如:

(1) 研究所目前的人员构成不太合理。

(2) 大气的物理特性和化学构成的变化是影响气候变化的重要因素。

动词。造成;形成。常用格式"由……构成"。例如:

(1) 这种飞船可以密切跟踪可能对地球构成威胁的小行星。

(2) 一个水分子是由一个氧原子和两个氢原子构成的。

比较:组成 & 构成

二者都有个体、部分组合成为整体的意思。"组成"强调个体本身,不强调个体之间的联系性;"构成"强调各部分之间的联系性,各部分与整体的关系密切。在科技文体中,一般微观上用"构成",宏观上用"组成"。例如:

(1) 中国是由56个民族组成的统一的多民族国家。

(2) 化学是研究物质的组成、结构、性质和变化规律的科学,是自然科学中的基础学科之一。

(3) 在自然界中,由一百多种元素组成的几千万种物质都是由原子、分子或离子构成的。

6. 进而

连词。表示在已有的基础上进一步。用于后一小句,前一小句先说明完成某事。例如:

(1) 他善于设计精巧的实验,进而取得精确数据,找出数据变化的规律。

(2) 天然气是不可再生能源,它燃烧时把化学能转化为内能,进而转化为汽车的机械能。

(3) 因为有了函数,牛顿、莱布尼茨才创立了微积分,并进而促进了力学等科学的飞速发展。

比较:进而 & 从而

"进而"强调进一步采取行动,它的前面可以用"又、再、才、并"等;"从而"除表示进一步的行动外,还跟上文有条件或因果的关系,它的前面常常是原因、条件和方法等,后面是结果和目的。例如:

(1) 通过调查研究发现问题,从而(进而)找到解决问题的方法。

(2) 由于引进了先进的技术,从而大大提高了生产率。

(3) 喷气发动机让高温高压的燃气高速地向后喷出,从而使发动机获得向前的动力。

7. 转移

动词。改换位置,从一方移到另一方;改变。常用搭配“转移……方向/目标/视线”等。常用格式“……转移到……”。例如:

(1) 此时,他对实现第一个目标已经彻底失望,于是转移方向,争取时间去完成他的第二个目标。

(2) 一些专家还在试验把仙人掌的抗旱基因转移到小麦等作物中,以培育出耐旱品种。

(3) 摩擦起电并不是创造了电,只是使客观上存在的电子从一个物体转移到另一个物体上。

练习

一、熟读下列词语

做功　转化　反弹　构成　弹簧　燃烧　凭空　转移　机械能　内燃机　重力势能　弹性形变　能量守恒定律

二、仿照例子分别写出包含“能、反”的词语,并理解其意思

机械能＿＿＿＿＿＿＿＿＿＿＿＿＿＿＿＿＿＿＿＿＿＿＿＿＿＿＿＿＿＿

反　弹＿＿＿＿＿＿＿＿＿＿＿＿＿＿＿＿＿＿＿＿＿＿＿＿＿＿＿＿＿＿

三、选词填空

相关　有关　反弹　弹性　弹簧　下落　总量

1. 健康的头发还必须有＿＿＿＿,能够拉伸而不会被轻易扯断。
2. 恒星聚变过程的效率虽小,但全部质量所提供的能量＿＿＿＿却非常巨大。
3. 这种关系更像＿＿＿＿,有伸有缩,你伸他缩,你缩他伸,只要调节得好,便可伸缩自如。
4. 大气中二氧化碳的增加与游离氧的增加是直接＿＿＿＿的。
5. 物体由高空＿＿＿＿,除受重力作用外,还受到空气阻力的作用。
6. 蝙蝠凭借回声寻找食物。它们会发出一种超声波,这种超声波遇到物体时就会被＿＿＿＿回来。
7. 这些年轻的学者们常在晚上聚会,报告和讨论＿＿＿＿物理学的最新进展。

机械 守恒 燃烧 从而 进而 动力 推力

1. 弄懂这个最基本的问题之后，我们才能________研究其他问题。

2. 当时的物理学无法解释为什么太阳可以连续________几千万年以上，而又耗不尽其燃料。

3. 飞艇利用装在舱后的发动机和螺旋桨，产生向前飞行的________。

4. 在力学中研究________运动时，需要用位置、速度这两个物理量来描述物体的运动状态。

5. 牛顿将振动、周期等波的概念引入微粒论，________很好地解答了牛顿环的难题。

6. 焦耳花了 38 年时间，先后进行了 400 多次实验，使能量________与转化定律更加完善。

7. 航天器在失重的太空中，由于周围没有空气阻力，很小一点________就可以使它移动或翻转。

移动 转移 转化 凭空 组成 构成 做功

1. “以太”不是哪位爱好思索的哲学家的________想象，对我们来说它就像空气那样不可缺少。

2. 将水加热再通过水蒸气驱动机械________可以使热能转化为机械能。

3. 物质运动的过程不仅是“位置________”的过程，也是一个“状态变化”的过程。

4. 物理学家们认为，原子核内的各种粒子是由 6 种夸克________的。

5. 在热传递的过程中，内能从高温物体________到低温物体，能量的形式没有变。

6. 巨行星木星和土星体积巨大，质量也大，但密度小，主要由氢、氦、氖等轻元素________。

7. 电流通过白炽灯的灯丝做功将电能________为内能和光能。

四、将下列词语组成句子

1. 动能　由于运动　叫　而　物体　具有的能量

2. 动力机械　汽车　内燃机　的　就是

3. 就表明　它　能够　具有能量　对外做功　物体

4. 篮板上　被　篮球　会　撞到　反弹回来

5. 靠的是　飞机　飞起来　空气动力　能

五、用"由于……而……"改写下列句子

1. 这种病是因为化学性、物理性等原因使骨髓失去造血功能。

2. 一种化合物因化学反应分成两种或多种较简单的化合物或单质。

3. 在相对论里,引力被描述为因时空弯曲所造成的几何效应。

六、根据课文内容填空

1. 机械能
   - (　　)
   - 势能
     - (　　)
     - (　　)

2. 被举高的重锤具有(　　),在下落的过程中,它的
   - 高度不断(　　),
   - (　　)不断增大,
   - (　　)不断减少,
   - (　　)逐渐增加,
   - 势能(　　)为动能。

3. 跳板跳水运动员
   - 在起跳时,下压跳板
     - 跳板发生(　　),
     - 动能转化为(　　);
   - 当跳板(　　)时,弹性势能转化为动能;
   - 在(　　)过程中,动能转化为重力势能;
   - 在下落过程中,(　　)转化为动能。

   在整个过程中,不考虑空气阻力,(　　)的总量保持不变。

4. 汽车在行驶时,

   燃料的(　　)
   - 一部分转化为热机和周围环境的(　　);
   - 一部分通过(　　)转化为燃气的内能,进而再通过热机(　　)把内能转化为机械能。

七、根据课文内容回答下列问题

1. 影响做功的两个因素是什么?
2. 什么是动能?动能的大小与什么有关?
3. 什么是重力势能?影响重力势能的因素是什么?
4. 什么是弹性势能?弹性势能的大小与什么有关?
5. 动能和势能能相互转化吗?请举一个例子说明。

6. 什么是内能？

7. 什么是能量守恒定律？

八、想一想，说一说

1. 除了文中提到的能量外，你还知道哪些形式的能量？

2. 请介绍生活中机械能和内能之间相互转化的一个事例。

知识链接

1. 热力学第一定律

热力学第一定律即能量守恒定律，表达式为 $W+Q=\Delta U$，表示热量跟内能改变之间的关系。其中，W 为外界对物体做的正功；Q 为物体吸收的热量；ΔU 为增加的内能。涉及第一类永动机不可造出。

2. 热力学第二定律

克氏表述：不可能使热量从低温物体传到高温物体而不引起其他变化（传导的方向性）。

开氏表述：不可能从单一热源吸热使之完全变成有用的功而不引起其他变化（机械能与内能转化的方向性）。涉及第二类永动机不可造出。

3. 热力学第三定律

不可能使一个物体冷却到绝对温度的零度（宇宙温度下限，即热力学零度：−273.15 ℃）。

相关阅读

质能方程

爱因斯坦（Albert Einstein）基于相对性原理和光速不变原理，成功推导出了质能方程（见图 5－5）$E=mc^2$，其中，E 表示能量；m 表示质量；c 表示真空中的光速。

质能方程表明物体相对于一个参照系静止时仍然有能量，这是违反牛顿系统的。因为在牛顿系统中，静止的物体是没有能量的。这就是为什么物体的质量被称为静止质量（rest mass）的原因。

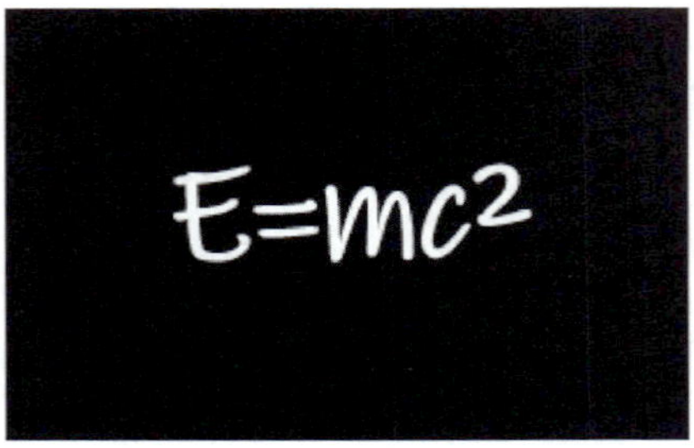

图 5-5　质能方程

方程式中的 E 可以看成是物体总能量，它与物体总质量（该质量包括静止质量和运动所带来的质量）成正比。只有当物体静止时，它才与物体的（静止）质量（牛顿系统中的质量）成正比。这也表明物体总质量和静止质量是不同的。

物体的静止能量(rest energy)是它的总内能，包括分子运动的动能、分子间相互作用的势能、使原子与原子结合在一起的化学能、原子内使原子核和电子结合在一起的电磁能以及原子核内质子、中子的结合能……物体静止能量的揭示是相对论最重要的推论之一，它指出静止粒子(stationary particle)内部仍然存在着运动。一定质量的粒子具有一定的内部运动能量；反过来，带有一定内部运动能量的粒子就表现出有一定的惯性质量(inertial mass)。在基本粒子转化过程中，有可能把粒子内部蕴藏着的全部静止能量释放出来，变为可以利用的动能。著名的“原子弹之母”莉泽·迈特纳(Lise Meitner)正是根据质能方程，算出了核裂变释放的巨大能量，从理论上预言了核能释放和原子弹利用及研制的可能性。

质能方程解释了核反应过程中为什么会释放出巨大的能量，对于核能的利用及基本粒子的研究具有极其重要的影响与意义；质能方程也改变了人类对于世界的认知。在经典力学中，质量和能量是相互独立、没有关系的；但在相对论力学中，质量和能量只不过是物体力学性质的两个不同方面而已，它们是不可分割而联系着的。一方面，任何物质系统既可用质量 m 来标志它的数量，也可用能量 E 来标志它的数量；另一方面，当一个系统的能量减少时，其质量也相应减少，当另一个系统接受而增加了能量时，其质量也相应增加。质能方程将经典力学中彼此独立的质量守恒定律和能量守恒定律结合起来，形成了统一的“质能守恒定律”，它充分反映了物质和运动的统一性。

根据文章内容回答下列问题：

(1) 什么是质能方程？它提出的依据是什么？

(2) 物体总质量和静止质量一样吗？为什么？

(3) 什么是物体的静止能量？

(4) 物体的静止能量揭示了什么？

(5) 在相对论力学中，质量和能量的关系是怎样的？

第六课　电学的几个基本概念

课文

1. 电荷

摩擦过的物体吸引轻小物体的现象就是摩擦起电，我们说被摩擦过的物体都带上了“电”或者带了电荷。电荷的多少叫作电荷量，单位是库仑，用符号 C 表示。摩擦起电并不是创造了电荷，而是电子从一个物体转移到另一个物体，原来电中性的物体得到电子而带负电，失去电子的物体则带正电。

电子是带有最小负电荷的粒子。人们把最小电荷叫作元电荷。被丝绸摩擦过的玻璃带正电荷，被毛皮摩擦过的橡胶棒带负电荷。同种电荷互相排斥，异种电荷互相吸引。两个电荷之间的相互作用力本质上是一个电荷的电场作用在另一个电荷上的电场力。

容易导电的物体叫导体，如各种金属、石墨、人体、大地、食盐水溶液等。不容易导电的物体叫绝缘体，如橡胶、玻璃、塑料、陶瓷、空气、干燥的木头等。导体导电的实质是：导体内部有大量自由移动的电荷。绝缘体不容易导电的实质是：绝缘体内自由移动的电荷极少或者说电荷不能自由移动。导体和绝缘体之间没有严格的界限，当条件

电学（名）diànxué electricity

电荷（名）diànhè electric charge
电荷量（名）diànhèliàng electric quantity
库仑（量）kùlún coulomb
电子（名）diànzǐ electron
中性（形/名）zhōngxìng neutral; neutrality
负电（名）fùdiàn negative electricity
则（连）zé while
正电（名）zhèngdiàn positive electricity

粒子（名）lìzǐ particle
元电荷（名）yuándiànhè elementary charge
正电荷（名）zhèngdiànhè positive charge
橡胶棒 xiàngjiāobàng rubber rod
负电荷（名）fùdiànhè negative charge
排斥（动）páichì repel
电场（名）diànchǎng electric field
电场力（名）diànchǎnglì electric force

导（动）dǎo conduct
导体（名）dǎotǐ conductor
金属（名）jīnshǔ metal
石墨（名）shímò graphite
食盐（名）shíyán salt
溶液（名）róngyè solution
绝缘体（名）juéyuántǐ insulator
陶瓷（名）táocí ceramic
实质（名）shízhì essence
界限（名）jièxiàn boundary; limit

改变时,两者可以相互转化。

2. 电流、电阻与电压

导体中电荷定向移动就形成了电流。定向移动的电荷既可以是正电荷也可以是负电荷,还可以是正、负电荷同时向相反方向定向移动。物理学上规定正电荷定向移动的方向为电流的方向,或者说电流的方向与负电荷定向移动的方向相反。电流的符号是 I。在国际单位制里,电流的单位是安培,简称安,用符号 A 表示。导体中的电流跟导体两端的电压 U 成正比,跟导体的电阻 R 成反比,三者之间的关系可以表示成

$$I=\frac{U}{R}$$

这就是欧姆定律。电阻表示导体对电流的阻碍作用,单位是欧姆,简称欧,用符号 Ω 表示。电压,即电势差,表示电场中两点间电势的差值,单位是伏特,简称伏,用符号 V 表示。

定向(动) dìngxiàng to be in a certain direction
电流(名) diànliú electric current
国际单位制 guójì dānwèizhì International System of Units(SI)
安培(量) ānpéi ampere
端(名) duān end
电压(名) diànyā voltage
电阻(名) diànzǔ resistance

欧姆定律(名) Ōumǔ dìnglǜ Ohm's law
阻碍(动/名) zǔ'ài block;barrier
电势差(名) diànshìchā electric potential difference
电势(名) diànshì electric potential
差值(名) chāzhí difference value
伏特(量) fútè volt

3. 电路

用导线把电源、用电器、开关等连接起来组成的电流的路径叫作电路。当电路闭合时,在电源的外部,电流的方向是从电源正极经过用电器流回电源负极;在电源的内部,电流则是从负极流向正极。导线是电流的路径,起输送电能的作用。电源是提供持续电流的装置,作用是提供电能,如电池、发电机等。用电器是利用电来工作的器件,工作时一定消耗电能,如电灯、电风扇等家用

导线(名) dǎoxiàn conducting wire
电源(名) diànyuán power source
连接(动) liánjiē connect
路径(名) lùjìng path
电路(名) diànlù circuit
闭合(动) bìhé close
正极(名) zhèngjí positive electrode
负极(名) fùjí negative electrode
输送(动) shūsòng transmit
电能(名) diànnéng electric energy
装置(名) zhuāngzhì installation
发电机(名) fādiànjī generator
器件(名) qìjiàn device
消耗(动) xiāohào consume

电器。开关的作用是控制电路的通、断，以便控制用电器的工作情况。用电器能够工作的电路叫作通路，因为某处被切断而没有电流流过的电路叫作断路，电源的正负极被导线直接连接起来的电路叫作短路。串联电路和并联电路是最基本的电路。

以便（连）yǐbiàn so as to
通路（名）tōnglù closed circuit
断路（名）duànlù broken circuit
短路（名）duǎnlù short circuit
串联（动）chuànlián connect in series
并联（动）bìnglián connect in parallel

语言点

1. 则

书面语。连词。用在并列复句的后一分句中，表示对比。例如：

（1）通常左脑半球主要负责逻辑思维，右脑半球则主要负责形象思维。

（2）冰川消融可使海水量增加，海平面上升；反之，则海平面下降。

（3）在化学变化的过程中，一定同时发生物理变化；在物理变化的过程中，则不会发生化学变化。

2. 排斥

动词。使别的人或者事物离开自己这方面，不相容，不使进入。例如：

（1）物质分子之间不但存在着相互吸引的力，也存在着相互排斥的力。

（2）从发展的角度来看，竞争并不排斥合作，合作是共同发展的基础。

（3）中子不带电，不受原子核电荷的排斥，很容易钻到核内部去，引起核裂变。

3. 实质

名词。事物实在的、内在的或实际的属性。常用“实质性”作定语、“实质上”作状语。例如：

（1）生物运动的实质是蛋白质的新陈代谢、自我更新。

（2）泡沫经济所隐含的三个实质性的问题是狂热、非理性和产业空心化。

（3）电磁继电器实质上是一个由电磁铁控制的开关。

比较:本质 & 实质

二者都是名词。"本质"指事物本身所固有的,决定事物性质、面貌和发展的根本属性,与"现象"相对;"实质"与"表面"或"虚假"相对。"本质上"常作定语或状语。例如:

(1) 光线的本质是一种电磁波,具有不同的波长。

(2) 人类语言和其他动物的交际方式(如叫喊、舞蹈等)有本质上的区别。

(3) 人口问题本质上是发展问题,只有通过经济、社会、文化等全面发展,才能最终获得解决。

4. 界限

名词。不同事物的分界;限度。常用搭配"划分/超出/打破/突破……界限"等。例如:

(1) 热带气候最显著的特点是全年气温较高,四季界限不明显。

(2) 任何科学技术成果都可以超出国家和地区的界限,为整个人类所共享。

(3) 世界在时间上没有起点,在空间上没有界限。

比较:界限 & 界线

二者都是名词,都可以表示不同事物的分界。"界限"所指对象一般是抽象的事物;"界线"侧重于实际的具体的事物,指两个地区之间划分边界的线或不同事物的分界线。例如:

(1) 两国之间的界线就是这条河的中心线。

(2) 中国真正的南北界线是淮河,淮河以南就叫南方。

(3) 时区的界线往往是参照各国的行政区划或自然界线划分的。

5. 阻碍

动词。使不能顺利通过或发展。还作名词,表示起阻碍作用的事物。例如:

(1) 作用在运动物体上的力,如果方向与运动方向相反,那么将阻碍物体的运动。

(2) 辅音的共同特点是气流在一定部位受到阻碍,通过某种方式冲破阻碍而发出音来。

(3) 电路中电阻、电感和电容都对交流电流起阻碍作用,这三种阻碍作用合起来叫阻抗。

比较：妨碍 & 阻碍

二者都是动词。“妨碍”有影响的意思，是使事情不能顺利进行，通常涉及的事情较小；“阻碍”强调使不能顺利通过，对象常指人或事物的进步、发展等比较重大的事情。例如：

（1）目前，太阳能电池造价高昂的缺点妨碍了它被普遍使用。

（2）如果体内缺乏水分，那么血液里的水分过少会妨碍热的散发，导致体温升高。

（3）两国国情虽然不同，但不妨碍彼此优势互补，开展平等互利的合作。

6. 消耗

动词。（精神、力量、东西等）因使用或受损失而渐渐减少。例如：

（1）机器的运转、汽车的行驶、火车的开动、飞机的飞行等都要消耗一定的能量。

（2）所谓效益是指企业能以较少的人力、物力、财力消耗，获得尽可能多的环境、经济和社会效果。

（3）人类对自然资源的消耗量已经超出了地球的再生能力。

7. 以便

连词。用于复句中后一小句的开头，表示使下文所说的目的容易实现。例如：

（1）在实验过程中要及时记录，以便取得准确的数据。

（2）我们把一种意义的量规定为正的，另一种与它相反意义的量规定为负的，以便区别这两种相反意义的量。

（3）在任何文件资料上都要注明出处，以便日后引用时能追究资料的来源、背景。

比较：以便 & 便于

二者都有容易做的意思。“以便”是连词，用于小句之间；“便于”是动词，表示比较容易（做某事），必带宾语，宾语一般是动词性词语或主谓短语。例如：

（1）域名应该简短、易懂，便于识别和记忆。

（2）由于山区地形复杂，许多地方不便于铺设电话电缆。

（3）为了便于我们认识和研究物质，化学上常用元素符号来表示物质的组成。

练习

一、熟读下列词语

粒子　排斥　电场　导电　电阻　阻碍　电势　路径　装置　消耗　断路　短路

电荷量　正负极　绝缘体　导体两端　摩擦起电　欧姆定律　串联电路

二、仿照例子分别写出包含“子、电、导”的词语，并理解其意思

粒子________________

电荷________________

导电________________

三、将“元件、部件、零件、器件”填入对应解释后的括号中

1. 机器的一个组成部分，由若干零件装配而成。（　　）
2. 可以用来装配成机器、部件等的单个工件。（　　）
3. 构成仪器、仪表等的单个制件，可以在同类装置中调换使用。（　　）
4. 电子、电工仪器上能独立起控制变换作用的单元，常由几个元件组成，有时也指较大的元件。（　　）

四、选词填空

阻碍　妨碍　持续　连续　实质　本质

1. 黑洞对外界的作用________上是引力作用。
2. 利用电来照明或者使电动机转动，都需要长时间________存在的电流。
3. 火山爆发喷出的火山灰升到了13千米的高空，________了当地的空中交通。
4. 牛顿第一定律________上提出了惯性的概念。
5. 耐高温纤维一般可在200摄氏度以上________使用几千小时。
6. 在外界电力的作用下，当自由电子在导体内部做定向运动时，就会与规则地排列着的原子和正离子发生碰撞，结果________了电子的定向运动。

界限　界线　途径　路径　设备　装置

1. 非金属和金属之间没有绝对的________。
2. 环境污染物大都以空气、水、食物等为载体，通过呼吸、饮水、食物链等________进入人体。

3. 数字集成电路主要应用于计算机、数字通信________和数字仪器仪表等。

4. 请在世界地形图上指出亚欧两洲、亚非两洲以及南北美洲之间的________。

5. 喷气式飞机用喷气发动机做动力________，靠燃料燃烧时所产生的气体向后喷射的反冲作用来推进。

6. 如果我们已知某一时刻质点的位置和速度，以及作用在它上面的力，那么就可以预言它未来的________。

断路　短路　连接　闭合　摩擦　中性

1. 串联是把元件逐个顺序________起来，任意处断开，电流都会消失。

2. 导弹在大气中高速飞行时，由于跟空气________，表面会达到极高的温度。

3. 电开关可以被打开或________，以切断或允许电流通过。

4. 如果用电器连接电源的两根导线由于绝缘皮破损致使金属线芯直接接触，那么就会发生________。

5. 溶液的酸碱度可以用 pH 值来表示，pH 值＝7 为________；pH 值＜7 为酸性；pH 值＞7 为碱性。

6. 电路没有闭合开关，导线没有连接好，用电器烧坏或没安装好，都会造成整个电路________。

五、将下列词语组成句子

1. 就　定向移动　电荷　形成了　导体中　电流

2. 带　被　正电荷　丝绸　玻璃　摩擦过的

3. 消耗　每天要　健康的　8 372～12 558 千焦　成年人　热量

4. 相互排斥　之间　同种电荷　有　的　作用

5. 人体所吸收的　全身　通过　各种营养物质　血液　输送到

六、用括号中的词语改写下列句子

1. 人的行为有自觉性，而动物的行为直接受其本能所支配。（则）

2. 海洋受太阳的照射，海面上的水温比深层水温高，它们之间存在温度差，可以用来发电。（……者）

3. 大自然的色彩,可以很好地对人的精神进行调节。(起……作用)

4. 科学家们将试验测量失重条件下土壤的物理性质,这样就能为将来进行星际探索的宇宙飞船建造温室。(以便)

5. 视窗操作系统最大的优点是简单易学,让不懂计算机的人上机操作变得很容易。(便于)

七、根据课文内容填空

1. 摩擦起电并不是创造了电荷,而是电子从一个物体________到另一个物体。

2. 同种电荷互相________,异种电荷互相________。

3. 导体和绝缘体之间没有严格的________,当条件改变时,两者可以________。

4. 导体中的电流跟________成正比,跟导体的电阻 R ________,三者之间的关系可以________ $I=\frac{U}{R}$。

5. 电阻表示导体对电流的________,单位是________,简称________,用符号________表示。

6. 用导线把________、________、________等连接起来组成的电流的________叫作电路。

7. ________是电流的路径,起________的作用。电源是提供________的装置,作用是________。用电器是利用电来工作的________,工作时一定________电能。开关的作用是________________。

8. 因为某处被________而没有电流流过的电路叫作断路,电源的________被导线直接连接起来的电路叫作________。

9. ________和________是最基本的电路。

八、根据课文内容判断对错

1. 摩擦起电使原来电中性的物体得到电子而带正电,失去电子的物体则带负电。 (　　)

2. 电荷的多少叫作电荷量,单位是库仑,用符号 C 表示。 (　　)

3. 电子是带有负的最小电荷的粒子。 (　　)

4. 最小电荷叫作原电荷。 (　　)

5. 物理学上规定电流的方向是负电荷定向移动的方向。 (　　)

6. 电势差就是电阻，表示电场中两点间电势的差值。　（　）

7. 当电路闭合时，在电源的内部，电流是从正极流向负极。　（　）

8. 用电器能够工作的电路叫作通路。　（　）

九、想一想，说一说

串联电路和并联电路有何区别？识别串联和并联有哪些方法？

知识链接

库仑定律

实验事实说明，两个实际的带电体间的相互作用力与它们自身的大小、形状以及电荷分布都有关系。任何带电体都有形状和大小。当带电体之间的距离比它们自身的大小大得多，以致带电体的形状、大小及电荷分布状况对它们之间的作用力的影响可以忽略时，这样的带电体可以看作带电的点，叫作点电荷(point charge)。

真空中两个静止点电荷之间的相互作用力，与它们的电荷量的乘积成正比，与它们的距离的二次方成反比，作用力的方向在它们的连线上。这个规律叫作库仑定律(Coulomb's law)。这种电荷之间的相互作用力叫作静电力(electrostatic force)或库仑力。库仑定律可以表示成

$$F = k\frac{q_1 q_2}{r^2}$$

其中，r 代表两个带电体之间的距离；q_1 代表第一个带电体的电荷量；q_2 代表第二个带电体的电荷量；k 是比例系数，叫作静电力常量。当两个点电荷所带电荷为同种时，它们之间的作用力为斥力；反之，当两个点电荷所带电荷为异种时，它们之间的作用力为引力。

相关阅读

集成电路

集成电路(integrated circuit，IC)是一种微型电子器件或部件。它采用一定的工艺，把一个电路中所需的晶体管(transistor)、电阻器、电容器和电感器等元器件及布线互连在一起，制作在一小块或几小块半导体晶片或介质基片上，然后封装在一个管壳内，成为具有所需电路功能的微型结构。

何谓“集成”？或许用一座摩天大楼可以类比：地面上有商铺、办公区、餐馆、酒店式公

寓,地下有几层是停车场,停车场下面还有地基——这类似于集成电路的布局,模拟电路和数字电路分开,处理小信号的敏感电路与翻转频繁的控制逻辑电路分开,电源单独放在一角;每层楼的房间布局不一样,走廊也不一样,有回字形的、工字形的、几字形的——这类似于集成电路的元器件设计;各楼层直接有高速电梯可达,为了提升效率和实现功能隔离,还可能有多部电梯,每部电梯能到的楼层不同——这类似于集成电路的布线,电源线、地线单独走线,时钟线与信号线分开,每层之间垂直布线避免干扰,中央处理器(central processing unit,CPU)与存储器之间的高速总线相当于电梯,各层之间的通孔相当于电梯间……

集成电路打破了传统的电路设计概念,其中所有元器件在结构上已组成一个整体,整个电路的体积大大缩小,使电子元器件向着微小型化、低功耗、智能化和高可靠性方面迈进了一大步。集成电路是现代信息社会的基石,在电子计算机、通信设备、导弹、雷达、人造卫星和各种遥控、遥测设备中占据了非常重要的地位。

根据制造工艺的不同,目前集成电路主要有半导体集成电路、薄膜集成电路、厚膜集成电路和混合集成电路等几类。根据性能和用途的不同,集成电路又可分为数字集成电路、模拟集成电路等。

半导体集成电路是目前生产和应用最多的一种集成电路,它是电子产品的核心器件,其产业技术的发展情况直接关系着电子工业的发展水平。就总体情况来看,半导体产业的技术进步,推动了新兴产业(包括光伏产业、半导体照明产业以及平板显示产业等)的发展,促进了其上下游产业供应链的完善,并在一定程度上优化了生态环境。因此,加强半导体集成电路产业技术的研究和探索,具有重要的现实意义。

根据文章内容回答下列问题:

(1) 什么是集成电路?

(2) 跟传统电路设计相比,集成电路有什么优点?

(3) 目前集成电路主要有哪些类别?

(4) 为什么要加强半导体集成电路产业技术的研究和探索?

第七课　法拉第电磁感应实验

课文

1. 实验背景

1820年奥斯特发现电流的磁效应，第一次揭示了磁与电存在着联系。在此之后，法拉第仔细地分析了电流的磁效应，他认为，既然磁铁可以使靠近它的铁块具有磁性，静电荷可以使靠近它的导体带电，那么电流也应当使靠近它的线圈感应出电流。1822年法拉第在日记中记载了“把磁转变成电”的思想，后来，法拉第对这一课题进行了系统的实验研究。

2. 实验过程与分析

一开始，法拉第设想：用强磁铁靠近导线，导线中就会产生恒定电流。他试图用实验证实这个设想，结果没有成功。但法拉第没有放弃，经过十年坚持不懈的努力，他终于取得了重大突破，在1831年发现了电磁感应现象。

在1831年8月的实验中，法拉第把两个线圈绕在一个铁环上(见图7－1)，线圈 A 接直流电源，线圈 B 接电流表。他发现，在线圈 A 的电路接通或断开的瞬间，线圈 B

法拉第（专名）Fălādì Michael Faraday
电磁感应 diàncí gǎnyìng electromagnetic induction
电磁（名）diàncí electromagnetism
感应（动）gǎnyìng induce

奥斯特（专名）Àosītè Hans Christian Oersted
磁效应 cíxiàoyìng magnetic effect
磁（名）cí magnetism
效应（名）xiàoyìng effect
揭示（动）jiēshì reveal
磁铁（名）cítiě magnet
磁性（名）cíxìng magnetism
静电荷（名）jìngdiànhè electrostatic charge
应当（动）yīngdāng should
线圈（名）xiànquān electric coil
记载（动）jìzǎi record
课题（名）kètí topic for study

设想（动）shèxiǎng assume
强磁铁（名）qiángcítiě strong magnet
恒定电流 héngdìng diànliú constant current
恒定（动）héngdìng to be constant
试图（动）shìtú to attempt to
证实（动）zhèngshí confirm
坚持不懈（成）jiānchí-bùxiè unremitting
取得（动）qǔdé gain
突破（动）tūpò to break through

铁环 tiěhuán iron hoop
直流（名）zhíliú direct current
电流表（名）diànliúbiǎo galvanometer
瞬间（名）shùnjiān instant

中产生瞬时电流。法拉第发现,铁环不是必须的,拿走铁环再做这个实验,电磁感应现象仍然发生,只是线圈中的电流弱些。

瞬时电流 shùnshí diànliú instantaneous current
瞬时（名）shùnshí instant

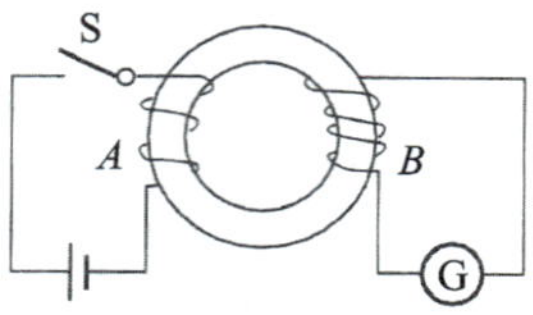

图 7-1 法拉第电磁感应实验

法拉第怎样分析他的实验呢？他的思路大致如下：

思路（名）sīlù train of thought
大致（副）dàzhì roughly

第一,线圈 B 除了处在通电线圈 A 的磁场中外,同线圈 A 没有别的联系,所以线圈 B 中的感应电流只能由线圈 A 的磁场产生。

磁场（名）cíchǎng magnetic field
感应电流 gǎnyìng diànliú induction current

第二,当线圈 A 中电流稳定,因而周围磁场稳定时,线圈 B 中没有感应电流,这表明稳定的磁场不产生感应电流;只有当线圈 A 通电或断电,它的电流变化引起周围磁场变化时,线圈 B 中才有感应电流,这表明变化的磁场才能产生感应电流。

第三,磁场可以用磁力线形象地表示,当线圈 B 所在处的磁场发生变化时,穿过线圈 B 的磁通量发生变化。所以,感应电流的产生条件可以归结为穿过线圈的磁通量发生变化。

磁力线（名）cílìxiàn magnetic induction line
穿（动）chuān to go through
磁通量（名）cítōngliàng magnetic flux
归结（动）guījié to attribute to

3. 实验结论

为了透彻研究电磁感应现象,法拉第做了许多实验。1831 年 11 月他对各项实验做了总结,在所写的论文中把产生感应电流的情况概括为五类:变化着的电流;变化着的磁场;运动的稳恒电流;运动的磁铁;在磁场中运动的导体。

透彻（形）tòuchè thorough
稳恒电流 wěnhéng diànliú steady current

法拉第定性地用文字表述了电磁感应现象。1833 年楞次进一步发现楞次定律，说明感应电流的方向。1845 年纽曼以定律的形式提出电磁感应的定量规律。

电磁感应现象是电磁学的重大发现之一，这一重大发现进一步揭示了电和磁之间的密切联系，为麦克斯韦建立完整的电磁理论奠定了基础。根据这一发现，后来科学家发明了发电机、变压器等电气设备，使电能在生产和生活中得到广泛应用，开辟了电气化时代。

定性（动）dìngxìng to determine the nature of
楞次（专名）Léngcì
Heinrich Friedrich Emil Lenz
纽曼（专名）Niǔmàn F. E. Neumann

电磁学（名）diàncíxué electromagnetics
麦克斯韦（专名）Màikèsīwéi
James Clerk Maxwell
奠定（动）diàndìng to lay a foundation for
变压器（名）biànyāqì transformer
开辟（动）kāipì to open up
电气化（动）diànqìhuà electrify

语言点

1. 揭示

动词。使人看见原来不容易看出的事物。例如：

(1) 安培的磁性起源假说揭示了磁现象的电本质。

(2) 分子生物学的发展揭示了生物大分子的进化规律和基因内部的复杂结构。

(3) 质能关系式揭示了质量和能量是不可分割的。

2. 感应

动词。特指某些物体或电磁装置受到电场或磁场的作用而发生电磁状态的变化；还表示因受外界影响而引起相应的感情或动作。例如：

(1) 遥感技术是根据电磁波的理论，应用现代技术感应远距离目标辐射信息的一种方法。

(2) 这种新型防火报警器通过感应火焰中的紫外线而启动警报，即使距它 10 米远的打火机火焰，也会被它感应到。

(3) 某些动物对外界刺激的感应特别灵敏。

3. 设想

动词。想象；假想。常用搭配“提出……设想”。例如：

(1) 历史上有不少人设想过制造一种不消耗任何能量和燃料就能够干活、做功的永动机。

(2) 伽利略曾设想：在一个像冰一样极其光滑的平面上，一小球一旦进入运动状态且不施加外力，它将无休止地运动下去。

(3) 1958 年专家就提出在长江三峡筑大坝，以便实现利用江水巨大水位落差建设大型水力发电站的设想。

比较：想象 & 设想

二者都是动词。“想象”表示想不在眼前的或不现实的人或事物的样子；“设想”是想没发生的事情是怎样的，发生以后的结果怎样，或者想怎么办。例如：

(1) 他把神经系统想象成一棵倒立的树，树干即脊髓，伸展到全身的神经就是树枝。

(2) 20 世纪 70 年代美国海盗号探测器对火星的探索，引发了许多人对在宇宙空间建设人类第二个家园的美好想象。

(3) 形象思维借助想象进行推测，设想事物未来的面貌、景况。

4. 证实

动词。证明符合事实，确实存在。常用搭配“被/得到……证实”。例如：

(1) 意大利航海家亚美利哥证实哥伦布到达的地方不是印度，而是一块所谓的“新大陆”。

(2) 科学技术发展到今天，原子的存在早已被证实。

(3) 飞机坠毁的真正原因还未得到有关方面的证实，目前紧急调查正在进行中。

5. 瞬间

名词。转眼之间，极短的时间。例如：

(1) 火箭升空那一瞬间，异常壮观。

(2) 地震、火山喷发等地质作用可以在瞬间发生，造成地面剧变。

(3) 中国“神光二号”巨型激光装置在十亿分之一秒的瞬间可发射出相当于全球电网电力总和数倍的强大能量。

6. 瞬时

名词。瞬间。例如：

(1) 人类运用现代视听技术和计算机技术，可使有声语言瞬时传遍地球。

(2) 当入射光照到金属上时，电子的跃出是瞬时的，一般不超过 10^{-9} 秒。

（3）瞬时记忆是指人接受外界刺激后在0.25～2秒的时间里的记忆。

比较：瞬间 & 瞬时

二者都是名词，意思相同。“瞬间”通用于口语和书面语；“瞬时”多用于书面语。在科技文体中，“瞬时”常跟名词一起构成专业术语，如瞬时速度、瞬时电流、瞬时电压、瞬时功率、瞬时频率、瞬时值等。例如：

（1）瞬时速度即做变速运动的物体在某一瞬间或某一位置的速度。

（2）在电路突然中断的瞬间，在镇流器两端产生一个瞬时高压。

7. 因而

连词。用于表示结论的小句，表示由于前边所说的原因或情况而产生的结果。例如：

（1）大气污染主要来源于人类的活动，特别是工业生产和交通运输，因而在工业区和城市中空气污染特别严重。

（2）由于中微子几乎没有质量，又不带电，且几乎不与周围物质相互作用，因而一直难寻踪迹。

（3）钛强度大、质量较轻，抗腐蚀，既耐低温又耐高温，因而成了制造火箭、人造卫星、航天飞行器的理想“空间金属”材料。

8. 归结

动词。总括而求得结论。常用格式“归结为……”“将/把……归结为……”。例如：

（1）自然界物体之间的相互作用可归结为四种：引力相互作用、电磁相互作用、强相互作用和弱相互作用。

（2）不能把鸟类的迁徙这种复杂的现象简单地归结为某一单一的原因。

（3）世界上的现象纷繁复杂，但归结起来无非是物质和精神两大类。

9. ……化

后缀。加在名词或形容词之后构成动词，表示转变成某种性质或状态。例如：

简化、净化、硬化、数字化、信息化、系统化、现代化、智能化、自动化。

练习

一、熟读下列词语

揭示　记载　课题　恒定　直流　瞬时　磁场　磁效应　强磁铁　磁力线　磁通量
电磁感应　稳恒电流　楞次定律　奠定基础

二、仿照例子分别写出包含“效应、磁、恒”的词语，并理解其意思

磁效应________________
磁　性________________
恒　定________________

三、选择适当的介词填入下列句子中

根据　按照　为　由　把　将　对　以

1. 妨碍无线电设备正常接收信号的电磁振荡，主要________接收设备附近的电气装置引起。

2. 交通指挥信号采用红、黄、绿三种颜色是________光学原理，经过长期研究和实践确定下来的。

3. 利用能量分析器________光电子进行分析的实验技术称为光电子能谱。

4. 1972年美国发射了第一颗地球资源卫星，________探测地球自然资源、发展航天遥感开辟了新的途径。

5. 计算要________一定的计算规则，就像证明要遵守推理规则一样。

6. 如果________地球上的铀充分利用起来，其能量等于煤、石油和天然气的总能量的10倍。

7. 第二次工业革命________电力的广泛应用为显著特点，它________人类社会从蒸汽时代推进到电气时代。

四、选词填空

揭示　证实　总结　记载　课题　思路

1. 1888年，赫兹用实验________了电磁波的存在。

2. 题目有难有易、有繁有简，但解题的基本________是相同的。

3. 明代李时珍________了历代植物学和药物学方面的知识和经验，编写了《本草纲目》。

4. 控制和防止癌细胞的转移和扩散，已成为当代医学科学重要的研究________之一。

5. 洪堡________了地球宏观、整体的规律，最先确立等温线和等压线的概念，绘制了第一张全球等温线图，建立了一门新学科——比较气候学。

6. 地方志不仅________了本地区的详细地名、历史沿革，还对本地区的风土人情、历史古迹、方言俗语等有详细的记述。

定性　定量　恒定　形象　透彻　大致

1. 哈维用了________的方法来研究，他测定人的心脏每搏动一次压出60～80毫升的血液。

2. 符号“÷”中间的横线把上、下两部分分开，________地表示了“分”。

3. 光速不变原理指明：真空中的光速在任何参考系下都是________不变的。

4. 对语言构造的研究________分为语音、词汇和语义、语法三个部分。

5. 分析化学开发分析物质的成分和结构，________分析可以找到样品中有何化学成分。

6. 他对此提供了全面而________的解答，解决了困扰数学家们长达数百年之久的问题。

感应　设想　转变　突破　奠定　开辟

1. 2000年6月26日，人类基因组工作草图绘制完成，标志着世界人类基因组计划取得了决定性的________。

2. 为了研究的方便，我们________一种严格遵守实验定律的气体，这样的气体叫作理想气体。

3. 利用这一原理在空中进行红外摄影或扫描，可以非常灵敏地________出地面散发的微量热辐射信息，查明热源的位置。

4. 由于量子力学和计算机的应用，在化学领域________出一个新的分支——计算化学。

5.《自然哲学的数学原理》一书________了牛顿作为最伟大的经典物理学大师的地位。

6. 某些有机化合物在加热时先________成介于固态与液态之间的过渡状态，这种处在过渡状态的物质称为液晶。

五、将下列词语组成句子

1. 系统的　法拉第　这一课题　实验研究　进行了　对

2. 纽曼　1845 年　提出　以定律的形式　定量规律　电磁感应的

3. 试图　揭示　他们　的　这一复杂疾病　发病原因

4. 通信网络传输　实现了　我国　数字化　目前　全部

5. 显著的　取得了　开发利用　经济效益　节能资源的

六、用括号中的词语改写下列句子

1. 因为计算机软件是一种逻辑实体,而不是物理实体,所以它具有抽象性。(因而)

2. 现在火车行驶的速度是 180 公里/小时。(以……行驶)

3. 糖是人体能量的主要来源,它提供人体所需的大约 70%的能量。(由……提供)

4. 公司把成功经验总括成 12 个字:多种经营,广拓市场,敢于冒险。(把……归结为……)

5. 亚当·斯密用一个著名比喻“看不见的手”来概括自由市场机制。(把……概括为……)

七、根据课文内容填空

1. 奥斯特发现电流的________,第一次揭示了____________________。

2. 既然磁铁可以使靠近它的铁块________,静电荷可以使靠近它的导体________,那么电流也应当使靠近它的线圈______________。

3. 法拉第把两个线圈________在一个铁环上,线圈 A 接________,线圈 B 接________。他发现,在线圈 A 的电路________的瞬间,线圈 B 中产生________。

4. 线圈 B 除了处在通电线圈 A 的________中外,同线圈 A 没有别的联系,所以线圈 B 中的感应电流只能______________。

5. 只有当线圈 A ________,它的电流变化引起周围磁场变化时,线圈 B 中才有________,这表明________才能产生感应电流。

6. 磁场可以用________形象地表示。

7. 感应电流的产生条件可以归结为____________________。

8. 法拉第把产生感应电流的情况概括为五类:________的电流;变化着的________;

运动的________;运动的________;在磁场中________。

八、根据课文内容回答下列问题

1. 电流磁效应的发现给法拉第带来什么启发?
2. 在实验之前,法拉第提出了什么样的设想?
3. 电磁感应实验的过程大致是怎样的?请简要描述。
4. 法拉第如何分析他的实验?
5. 法拉第把产生感应电流的情况概括为哪五类?
6. 电磁感应现象的发现有何重大意义?

九、想一想,说一说

用楞次定律来判断感应电流的方向应当按照怎样的步骤进行?请结合具体实例总结一下。

知识链接

电磁波

在电磁振荡的情况下,部分能量以辐射方式从空间传播出去所形成的电波与磁波的总称叫电磁波(electromagnetic wave)。

电磁波的磁场、电场及其传播方向三者互相垂直,如图 7-2 所示。电磁波的传播有沿地面传播的地面波,还有从空中传播的空中波。电磁波的振幅沿传播方向的垂直方向作周期性交变,其强度与距离的平方成反比;波本身带动能量,任何位置的能量功率与振幅的平方成正比;其速度等于光速。光波也是电磁波,无线电波也有和光波同样的特性,

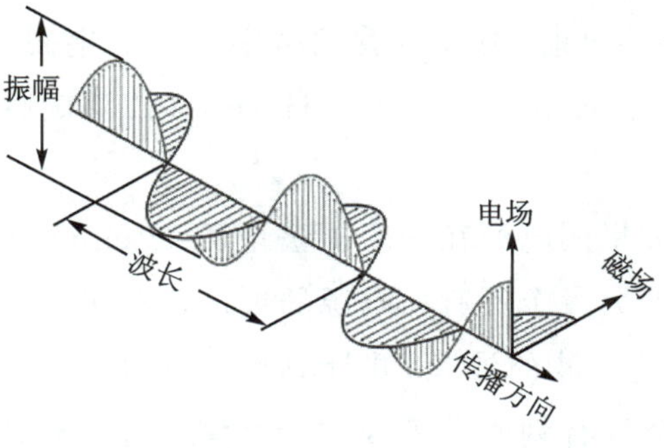

图 7-2　电磁波磁场、电场及其传播方向之间关系示意图

如当它通过不同介质时,也会发生折射、反射、绕射、散射及吸收等。在空间传播的电磁波,距离最近的电场(磁场)强度方向相同和量值最大的两点之间的距离,就是电磁波的波长。广播用的波长在10～3 000米,分长波、中波、中短波、短波等几种。传真(电视)用的波长是3～6米;雷达用的波长更短,为几厘米到3米。红外线、可见光、紫外线、X射线、γ射线等光线和射线,也都是波长不同的电磁波。

相关阅读

电磁理论的建立

关于电磁现象的研究,最早可以从1785年库仑(Charles de Coulomb)研究电荷之间的相互作用算起。1831年法拉第发现电磁感应现象后,建立了电场和磁场的理论:认为电和磁之间的作用是通过分布在空间中的"力线"来进行的。"力线"是否应为假想的?由磁体产生的"力线"叫作磁力线,而布满磁力线的空间叫作磁场;由带电物体产生的"力线"叫作电场线,布满电场线的空间叫作电场;电荷的力及磁力都是借助这个"场"以一定的速度传播的。

准确地说,电场和磁场是真实存在的,而电场线和磁力线则是法拉第为让人们易于理解而引入的假想曲线。如同地图上的等高线、气象图上的等温线一样。

如果说法拉第等人为电磁理论大厦打下了地基,那么麦克斯韦则建造了电磁理论大厦的主体,他在1864年归纳出一套描述电磁场相互作用的理论模型,并推导出著名的麦克斯韦方程组。麦克斯韦方程组完整而充分地反映了电磁场运动的规律,深刻地指出电场与磁场的密切联系:变化的电场产生磁场、变化的磁场产生电场;两者交相更迭,构成统一的电磁场。在此基础上,麦克斯韦从理论上预言了电磁波的存在并推算出电磁波的传播速度等于光速,从而进一步指出光也是一种电磁波。麦克斯韦的电磁理论概括了当时已发现的所有电磁现象和光现象的规律,是在牛顿建立力学理论之后的又一伟大成就。

遗憾的是麦克斯韦英年早逝,他没有看到科学实验对电磁波的证明。在他逝世后的1888年,德国物理学家赫兹(Heinrich Rudolf Hertz)用"莱顿瓶放电实验"成功捕捉到了电磁波。

赫兹在实验中发现,如果用电源在一个振荡电路(oscillating circuit)里激励起振荡电流,那么在相隔一段距离的另一个没有加电源的振荡回路里,也会激励起振荡电流来。根据实验数据,赫兹得出了电磁波的波长,并计算出电磁波的传播速度恰好等于光速——3×10^5千米/秒。这是一个具有划时代意义的伟大实验,麦克斯韦惊人的预言得到了证实。至此,电磁理论大厦终于封顶。

赫兹关于电磁波的实验为无线电技术的发展开拓了道路,此后,意大利人马可尼

(Guglielmo Marconi)、俄国人波波夫(Alexander Stepanovich Popov)分别利用电磁波传播实现了远距离信息传输。他们掀起了一场革命风暴,把人类带进了一个崭新的信息时代。

根据文章内容回答下列问题:

(1) 电场、磁场、电场线和磁力线中哪些是真实存在的?哪些是假想的?

(2) 谁预言了电磁波的存在?他还做出了什么贡献?

(3) 赫兹成功捕捉电磁波的实验名称是什么?

(4) 如果用大厦来比喻电磁理论,那么在建造这座大厦的过程中,法拉第、麦克斯韦和赫兹各发挥了什么作用?

第八课 光的产生和光的三大定律

课文

1. 光的产生

众所周知，原子是由原子核和核外电子构成的，核外电子总是在可能的能级轨道上绕原子核运动。通常原子处于最稳定的基态，但是在某些条件下，原子也可以在不同的能级间跃迁。当核外电子从高能级轨道跃迁到低能级轨道时，会释放出特定频率的光子，这就是发光。如果这种跃迁是核外电子自发进行的，那么这样产生的光就是普通光。如果这种跃迁是在有外界辐射（光）激励的情况下进行的，那么这样产生的光就是激光。

无论是激光还是普通光，在其传播过程中都遵循光的三大定律。

2. 光的直线传播定律

光在同种均匀介质中沿直线传播，简称光的直线传播。为了表示光的传播情况，通常用一条带箭头的直线代表一束光，这样的直线叫光线。光线实际上是不存在的，而光束是客观存在的。

众所周知（成）zhòngsuǒzhōuzhī as everyone knows
原子（名）yuánzǐ atom
原子核（名）yuánzǐhé atomic nucleus
核（名）hé nucleus
能级（名）néngjí energy level
轨道（名）guǐdào orbit
基态（名）jītài ground state
跃迁（动）yuèqiān transit
释放（动）shìfàng release
特定（形）tèdìng specific; particular
频率（名）pínlǜ frequency
光子（名）guāngzǐ photon
发光（名）fāguāng luminescence
自发（形）zìfā spontaneous
外界（名）wàijiè the external world
辐射（动）fúshè radiate
激励（动/名）jīlì excite; excitation
激光（名）jīguāng laser

传播（动）chuánbō propagate
遵循（动）zūnxún to abide by

直线传播 zhíxiàn chuánbō rectilinear propagation
均匀（形）jūnyún even
介质（名）jièzhì medium
沿（介）yán along
箭头（名）jiàntóu arrow
束（量）shù beam
光线（名）guāngxiàn light; ray
光束（名）guāngshù light beam

在不同的介质中，光的传播速度是不同的。介质的密度越大，光速越小。光在真空中传播速度最快，为 3×10^5 km/s。

密度（名）mìdù density
光速（名）guāngsù speed of light
真空（名）zhēnkōng vacuum

3. 光的反射定律

当光从一种介质射到它和另一种介质的分界面时，一部分光返回到这种介质中的现象叫作光的反射，如图 8－1 所示。入射光线与界面的交点叫作入射点；过入射点且垂直于界面的直线叫作法线；入射光线与法线的夹角叫作入射角；反射光线与法线的夹角叫作反射角。

反射定律（名）fǎnshè dìnglǜ law of reflection
反射（动）fǎnshè reflect
分界面（名）fēnjièmiàn interface
分界（名/动）fēnjiè delimitation; delimit
返回（动）fǎnhuí return
入射（名）rùshè incidence
界面（名）jièmiàn interface
入射点（名）rùshèdiǎn point of incidence
法线（名）fǎxiàn normal
夹角（名）jiājiǎo included angle
入射角（名）rùshèjiǎo angle of incidence
反射角（名）fǎnshèjiǎo angle of reflection

光的反射定律：反射光线与入射光线、法线在同一平面上；反射光线和入射光线分居在法线的两侧；反射角等于入射角。

分居（动）fēnjū to live separately
居（动）jū to be (in a certain position)

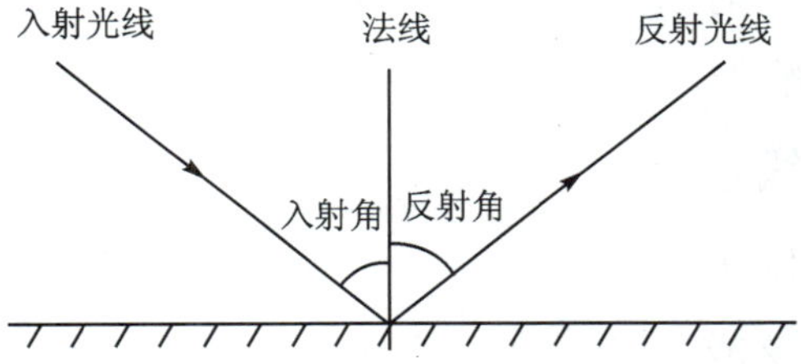

图 8－1　光的反射

在此需注意两点：

（1）当光垂直入射时，入射角、反射角都是零度，法线、入射光线、反射光线合为一线。

（2）在光的反射中光路可逆。

光路（名）guānglù light path
可逆（形）kěnì reversible

光的反射有两种：镜面反射与漫反射，如图 8－2 所示。镜面反射指平行光线经界面反射后沿某一方向平行射出，只能在某一方向接收到反射光线（反射面是光滑平面）。

镜面反射（名）jìngmiànfǎnshè direct reflection
漫反射（名）mànfǎnshè diffuse reflection
接收（动）jiēshōu receive
反射面（名）fǎnshèmiàn catopter; reflector
光滑（形）guānghuá smooth

漫反射指平行光线经界面反射后向各个不同的方向反射出去,即在各个不同的方向都能接收到反射光线(反射面是粗糙平面或曲面)。无论是镜面反射还是漫反射,都遵循光的反射定律。

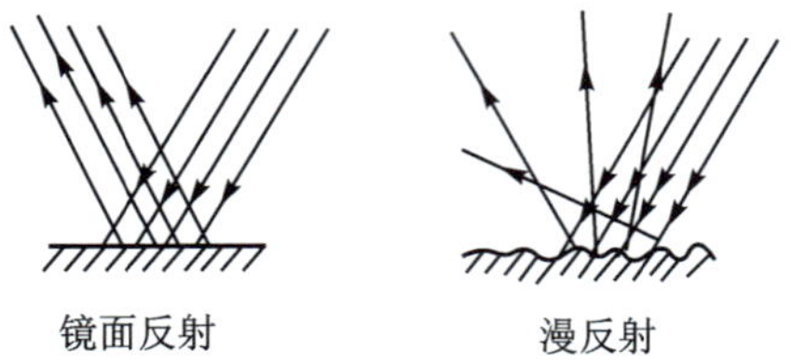

图 8-2　光的镜面反射和漫反射

粗糙(形) cūcāo rough

4. 光的折射定律

当光从一种介质射到它和另一种介质的分界面时,一部分光被界面反射,另一部分斜着射向界面的光进入第二种介质中的现象叫作光的折射,如图 8-3 所示。折射光线与法线的夹角叫折射角。折射光线服从折射定律:折射光线与入射光线、法线处在同一平面内,折射光线与入射光线分别位于法线的两侧;入射角的正弦与折射角的正弦成正比。光的折射定律也叫斯涅耳定律。

折射定律(名) zhéshèdìnglǜ law of refraction
折射(动) zhéshè refract
斜(形/动) xié slanting;oblique
折射角(名) zhéshèjiǎo angle of refraction
服从(动) fúcóng obey
斯涅耳(专名) Sīniè'ěr
Willebrord van Royen Snell

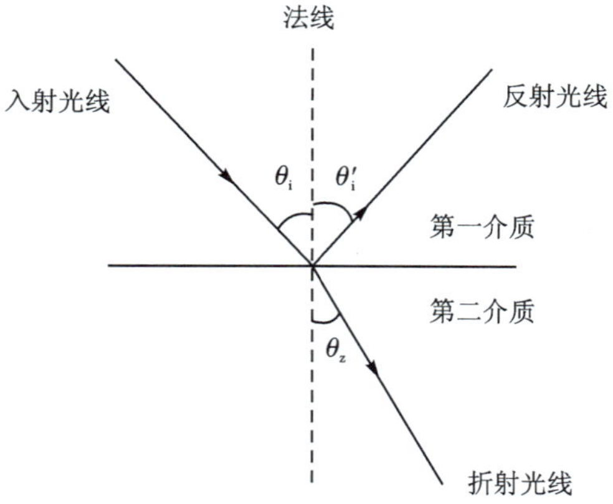

图 8-3　光的折射

当光从一种介质射入另一种介质时,虽

然入射角的正弦跟折射角的正弦之比为常数 n，但是对不同的介质来说，这个常数 n 是不同的。这个常数 n 跟介质有关系，是一个反映介质的光学性质的物理量，我们把它叫作介质的折射率。理论和实验的研究都证明：某种介质的折射率等于光在真空中的速度 c 跟光在这种介质中的速度 v 之比。

光的直线传播定律、折射定律与反射定律一起构成了几何光学的重要基础，在光学的发展史上具有重要的影响。

光学（名）guāngxué optics
物理量（名）wùlǐliàng physical quantity
折射率（名）zhéshèlǜ refractive index

几何光学（名）jǐhé guāngxué geometrical optics

语言点

1. 释放

动词。把所含的物质或能量放出来。例如：

(1) 有一定的压力，人的潜能才能释放出来。

(2) 当某些原子核被运动的中子撞击时，就释放出核能。

(3) 核能发电站主要是利用铀 235 裂变所释放的能量作为燃料。

2. 激励

动词。激发鼓励；在科技文体中指使原子、分子、电子或其他粒子从较低能态变成较高能态。例如：

(1) 作为运动员，“更高、更快、更强”的奥林匹克精神一直激励着我前行。

(2) 激光器一般由三大部分组成：工作物质、激励能源和谐振腔。

(3) 原子在入射光子的感应或激励下，能够从低能级跃迁到高能级。

3. 遵循

动词。遵照。例如：

(1) 拍卖遵循公平、公正和公开的原则，实行自由竞价，价高者得。

(2) 在幼儿情感教育中，我们应遵循幼儿的身心发展规律，从早期教育入手，做好幼儿的情感教育。

(3) 牛顿证明,不论是天上的还是地上的物体,都要遵循惯性定律、质点运动定律和作用与反作用定律,即所谓的牛顿运动定律。

4. 均匀

形容词。分布或分配在各部分的数量相同;时间的间隔相等。例如:

(1) 随着宇宙的不断膨胀,宇宙中物质的分布不再是均匀的,在一些区域比较密集,在另一些区域比较稀疏。

(2) 在科学技术上溶液是指由两种或两种以上不同物质所组成的均匀混合物。

(3) 钟摆是根据单摆的原理制成的,左右摆动,通过齿轮的作用,指针以均匀的速度转动。

比较:均匀 & 平均

二者都是形容词。"均匀"强调同一个事物分布或分配在各部分的数量相同,但一般很难用具体的数字衡量;"平均"强调不同个体间几乎没有分别。"平均"还可作动词,指把总数按份均匀计算,常搭配数词、量词,能用具体的数字衡量。例如:

(1) 世界面临的主要挑战是确保人类广泛而又平均地使用干净、有效的能源。

(2) 尽管今天人类已经可以飞向10亿公里以外的土星,却不能钻透平均厚度只有33公里的地壳。

(3) 这里降雨时空分布极不均匀,连年先雨后旱,平均每年干旱面积在400万亩左右。

5. 可……

前缀。加在单音节动词前面构成形容词。表示可以,应该。例如:

可燃、可逆、可靠、可取、可行、可见、可信、可变。

6. 服从

动词。遵照;听从。例如:

(1) 每个人都有各种各样的服从经历:服从父母、服从老师、服从作息制度、服从交通信号等。

(2) 对于机器人来说,服从人的命令是它的第一信条。

(3) 物理学上的一切微观粒子,无论是光子,还是电子、中子等实物粒子,都服从量子力学的一般规律。

比较：服从 & 遵循

二者都是动词，都有"遵照"的意思，搭配对象都可以是"规律、定律、原则"。"服从"还有"听从"的意思，搭配对象还可以是"人、组织、命令"，使用范围广，有强制意味。例如：

(1) 立法遵循民主集中制原则，并采取少数服从多数的程序。

(2) 在新的形势下，调整产业结构要遵循市场经济规律，服从市场需要。

练习

一、熟读下列词语

基态　释放　激励　遵循　箭头　光束　介质　粗糙　原子核　分界面　能级轨道

特定频率　外界辐射　光路可逆　镜面反射　光滑平面　折射定律

二、仿照例子分别写出包含"核、射"的词语，并理解其意思

原子核____

辐　射____

三、看图完成下列问题

1. 请分别指出图 8－4 和图 8－5 所示属于光的哪种传播现象。

2. 请在图 8－4 和图 8－5 中相应的位置标注下列名称。

入射光线、反射光线、折射光线、法线、入射角、反射角、折射角

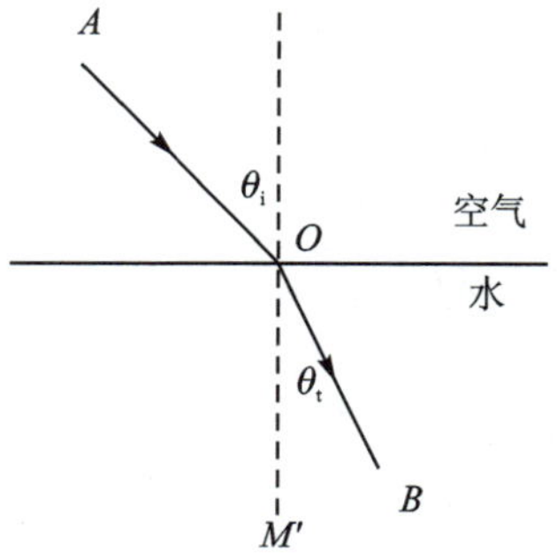

图 8－4　光的传播 1

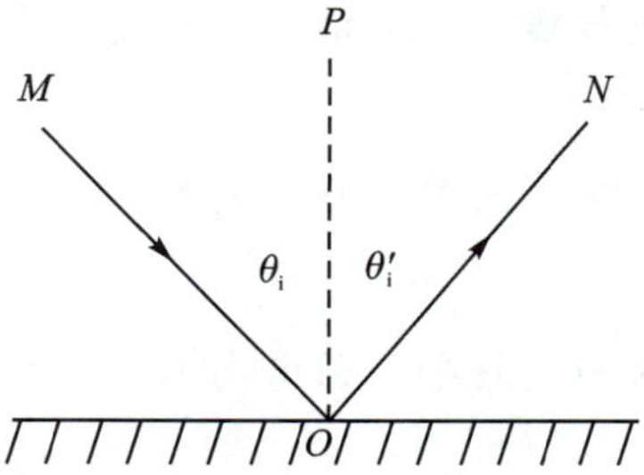

图 8－5　光的传播 2

四、选词填空

密度　释放　特定　自发　辐射　激励　跃迁

1. 1853 年,德国物理学家通过实验发现,在________温度下,金属的热导率和电导率的比值是一个常数。

2. 合成纤维一般都具有强度高、弹性大、________小、耐磨、耐化学腐蚀、耐光、耐热等特点。

3. 用激光________一块含有钛分子的蓝宝石棒,它就可以发出光脉冲。

4. 光电效应就是指金属在光的照射下从金属表面________出电子的现象。

5. 推动化学反应________进行的因素有两个:一个是能量,另一个是混乱度。

6. 在半导体激光器里,电子能以较高的能态________到较低的能态,能量以激光的形式释放出来。

7. 臭氧层好比是地球的"保护伞",阻挡了太阳 99%的紫外线________,保护了地球上的生灵万物。

遵循　服从　均匀　平均　光滑　粗糙　可逆

1. 中国是淡水资源严重短缺的国家,人均占有量仅为世界平均水平的 1/4,而且分布很不________。

2. 研究发现:表面凹凸不平、________、多孔的障碍物反射声音的能力较差。

3. 只要世界上还存在一部分人不得不________另一部分人的现象,平等就无从谈起。

4. 全世界每年出版五十万种图书,________每一分钟就出版一种新书。

5. 时间的最大特性是它的不________性,这极大地增加了时间的价值。

6. 这种新型封面纸板具有不变形、厚度均匀、平整________等特点。

7. 保险应________自愿原则,对与行政部门结合进行的强制保险行为应加以制止。

五、将下列词语组成句子

1. 直线传播　在　沿　同种均匀介质　光　中

2. 分居在　入射光线　两侧　反射光线　法线的　和

3. 从水面　折射　斜着射入　会发生　空气　光

4. 不能低于　可感觉的　20 赫兹　人的耳朵　频率

5. 都能发出　宇宙中的　辐射　各种天体　不同波长的

六、根据课文内容判断对错

1. 原子总是在不同的能级间跃迁。（　　）
2. 核外电子从低能级轨道向高能级轨道跃迁时会释放出特定频率的光子。（　　）
3. 光线和光束一样，都是客观存在的。（　　）
4. 介质的密度越小，光速越大。（　　）
5. 根据光的反射定律，反射角等于入射角。（　　）
6. 在光的反射中，光路是不可逆的。（　　）
7. 漫反射不遵循光的反射定律。（　　）
8. 根据光的折射定律，入射角等于折射角。（　　）
9. 介质不同，其折射率也不同。（　　）

七、根据课文内容回答下列问题

1. 什么是发光？
2. 普通光和激光的产生有什么不同？
3. 什么是光线？
4. 光的传播速度和什么有关系？
5. 什么是光的反射定律？
6. 镜面反射和漫反射的区别是什么？
7. 什么是光的折射定律？
8. 某种介质的折射率等于什么？

八、想一想，说一说

生活中的很多事例跟光的三大定律有密切的关系。请各举一例说明。

知识链接

1. 全反射

全反射指光由光密介质（即光在此介质中的折射率大）射到光疏介质（即光在此介质中折射率小）的界面时，全部被反射回原介质内的现象。全反射的条件：

（1）光必须由光密介质射向光疏介质。

（2）入射角必须大于临界角（临界角是折射角为90°时对应的入射角）。

2. 光的散射

光的散射指光通过不均匀介质时一部分光偏离原方向传播的现象。偏离原方向的光称为散射光。散射光频率不发生改变的有丁铎尔散射、分子散射;频率发生改变的有拉曼散射、布里渊散射和康普顿散射等。

3. 光的衍射

光的衍射指光在传播过程中遇到障碍物或小孔(窄缝)时,它有离开直线路径绕到障碍物阴影里去的现象。光的衍射有单缝衍射、圆孔衍射、圆板衍射及泊松亮斑。衍射时产生的明暗条纹或光环叫衍射图样。

4. 光的偏振

振动方向对于传播方向的不对称性叫作偏振,它是横波区别于其他纵波的一个最明显的标志。光波电矢量振动的空间分布对于光的传播方向失去对称性的现象叫作光的偏振。只有横波才能产生偏振现象。

5. 光的干涉

当两道或者几道光线相遇叠加时会导致一部分光线强、另一部分光线弱,从而形成分布稳定的相间条纹,这就是光的干涉。光的干涉可以分为双光波干涉、多光波干涉和偏振光的干涉。

相关阅读

神奇的激光

在一般人的心目中,太阳光可能是世界上光度最强的光。但是,20 世纪中叶,科学家们却发现了一种比太阳表面亮度高出 100 亿倍的光——激光。

激光的理论基础起源于物理学家爱因斯坦。1916 年爱因斯坦提出了一套全新的技术理论——光与物质相互作用。这一理论是说在组成物质的原子中,有不同数量的粒子(电子)分布在不同的能级上,在高能级上的粒子受到某种光子的激发,会从高能级跳到低能级上,这时将会辐射出与激发它的光相同性质的光,而且在某种状态下,能出现一个弱光激发出一个强光的现象。这就叫作受激辐射(stimulated radiation)的光放大,简称激光。

1958 年,美国科学家肖洛(A. L. Schawlow)和汤斯(C. H. Townes)发现了一种神奇的现象：当将氖光灯泡所发射的光照在一种稀土晶体上时，晶体的分子会发出鲜艳的、始终会聚在一起的强光。根据这一现象，他们提出了激光原理，即物质在受到与其分子固有振荡频率相同的能量激发时，都会产生这种不发散的强光——激光。

1960 年 5 月 15 日，美国科学家梅曼(Theodore Harold “Ted” Maiman) 宣布获得了波长为 0.694 3 微米的激光，这是人类有史以来获得的第一束激光。1960 年 7 月 7 日，梅曼首先用红宝石作材料，制成世界上第一台激光器，获得了 6 943 Å(1Å$=10^{-10}$ 米)的红光，开创了激光技术的先河。他因而也成为世界上第一位将激光引入实用领域的科学家。如今形形色色的激光器如雨后春笋般出现，据统计，已有数百种之多。

种类繁多的激光器都由三个主要部分组成：第一部分称为工作物质，是保证受激而产生激光的物质；第二部分称为激发源，不断给产生激光的物质补充能量；第三部分称为谐振腔(resonant cavity)，它是激光振荡器，通过腔的振荡不断放大，从而保证激光输出。

人们给激光冠上神奇的称谓，那是因为它有以下四个独特的本领：

(1) 定向发光。激光器发射的激光，天生就是朝一个方向射出的，光束的发散度极小，大约只有 0.001 弧度，接近平行。

(2) 亮度极高。激光亮度极高的主要原因是定向发光。大量光子集中在一个极小的空间范围内射出，能量密度自然极高。

(3) 颜色极纯。光的颜色由光的波长(或频率) 决定，一定的波长对应一定的颜色。激光器输出的光，波长分布范围非常窄，因此颜色极纯。

(4) 能量密度极大。光子的能量是用 $E=hv$ 来计算的，其中 h 为普朗克常量(the Planck constant)，v 为频率。由此可知，频率越高，能量越高。激光频率范围为 $3.846\times10^{14}\sim7.895\times10^{14}$ 赫兹。

正是基于上述特性，激光的用途十分广泛。用激光来加工机械，削铁如泥，任何金属在激光面前都会“迎刃而解”；用激光于通信，携带信息量惊人；用之于电话，可使几十亿部电话同时通话；用之于印刷，分辨率达每英寸(1 英寸＝25.4 毫米)9 000 个点，调制速率可达几十兆赫。

激光是 20 世纪以来，继核能、计算机、半导体之后，人类的又一重大发明。它一经问世，就获得了飞速的发展。它的发展不仅使古老的光学科学和光学技术获得了新生，而且出现了一门新兴产业，以激光器为基础的激光工业在全球发展迅猛。据统计，从高端的光纤到常见的条形码扫描仪，每年和激光相关的产品和服务的市场价值高达上万亿美元。

根据文章内容回答下列问题：

(1) 激光的理论基础起源于什么？这个理论是谁提出的？

(2) 在 1958 年，美国科学家肖洛和汤斯提出了什么原理？这种原理是根据什么现象提出的？

(3) 谁获得了人类历史上第一束激光？

(4) 第一台激光器是用什么材料制成的？

(5) 激光器一般由几个部分组成？各部分的作用分别是什么？

(6) 人们为什么给激光冠上神奇的称谓？

(7) 激光可以应用到哪些方面？请举例说明。

第九课　化学元素与物质的形成

课文

丰富多彩的物质是由什么组成的？在古代，东方人和西方人都认为物质是由最基本的几种“元素”组成的。在中国，这些“元素”是指金、木、水、火、土，而在古希腊，则是指土、气、水、火。但是到了近代，这些“元素”就禁不住科学的考验了。在原子的奥秘被发现之后，人们把元素定义为质子数（即核电荷数）相同的一类原子的总称。正是这些元素组成了形形色色的物质。

元素（名）yuánsù element
丰富多彩（成）fēngfù-duōcǎi rich and colorful
禁不住（动）jīnbuzhù cannot bear
考验（动）kǎoyàn test
奥秘（名）àomì profound mystery
质子（名）zhìzǐ proton
总称（名/动）zǒngchēng general name; to be generally called
形形色色（形）xíngxíngsèsè all sorts of

1. 元素周期表

1869年俄国化学家门捷列夫将当时已知的63种元素按照相对原子质量由小到大的顺序依次排列，并将化学性质相似的元素放在一个纵列，制出了第一张元素周期表。随着化学科学的不断发展，元素周期表中为未知元素留下的空位先后被填满，元素的排序依据也由相对原子质量改为原子的核电荷数。

门捷列夫（专名）Ménjiélièfū Dmitri Ivanovich Mendeleev
依次（副）yīcì in proper order
制（动）zhì make
周期（名）zhōuqī period
空位（名）kòngwèi vacancy
先后（副/名）xiānhòu successively; order
填（动）tián fill
排序（动）páixù sort
依据（名/动/介）yījù basis; to base on; according to

元素周期表（见图9-1）有7个横行，也就是7个周期，周期的序数就是该周期元素所具有的电子层数，每一周期中元素的电子层数相同，从左到右原子序数递增。我们把前三个

序数（名）xùshù ordinal number
电子层（名）diànzǐcéng electronic layer
原子序数 yuánzǐ xùshù atomic number
递增（动）dìzēng to increase progressively

周期叫作短周期,其他周期叫作长周期。

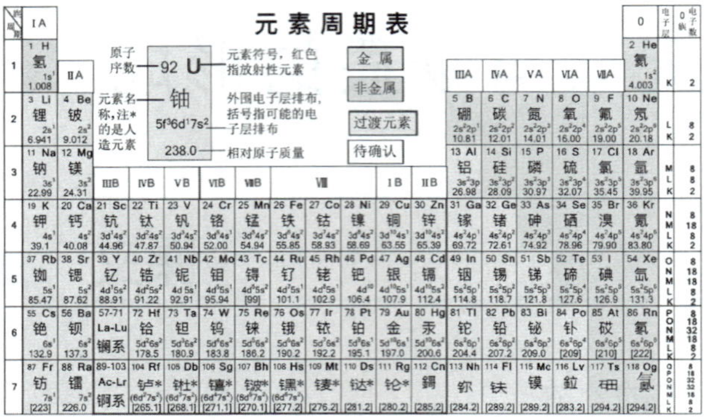

图 9-1　元素周期表

元素周期表有 18 个纵列,其中第 8,9,10 三个纵列共同构成第Ⅷ族,其余每一纵列为一族。由短周期和长周期元素共同构成的族称为主族(第 18 纵列除外),完全由长周期元素构成的族称为副族。同一族的元素最外层电子数相同、化学性质相似。有些族的元素还有特别的名称,例如,第ⅠA 族元素(氢除外)叫作碱金属元素,第ⅦA 族元素叫作卤族元素(简称卤素),0 族元素也称为稀有气体元素。

元素周期表揭示了元素之间的内在联系,即元素的性质随着核电荷数(原子序数)的递增而呈现周期性的变化,这一规律被称为元素周期律。

2. 物质的形成

到目前为止,已经发现的元素只有一百多种,然而,由这一百多种元素组成的物质却数以千万计。如此繁多的物质是通过什么作用形成的呢?

下面以氯化钠(NaCl) 为例来说明物质

主族 (名) zhǔzú main group
副族 (名) fùzú subgroup
同一 (形) tóngyī same
氢 (名) qīng hydrogen
除外 (动) chúwài except
碱金属 (名) jiǎnjīnshǔ alkali metal
卤素 (名) lǔsù halogen
稀有气体 (名) xīyǒu qìtǐ rare gas
稀有 (形) xīyǒu rare

内在 (形) nèizài inherent
呈现 (动) chéngxiàn present

为止 (动) wéizhǐ to be due
如此 (代) rúcǐ such
繁多 (形) fánduō numerous

氯化钠 (名) lǜhuànà sodium chloride

的形成过程，其化学方程式如下：

$$2Na + Cl_2 \xlongequal{点燃} 2NaCl$$

当钠(Na)与氯气(Cl_2)反应时，钠原子最外电子层上的1个电子转移到氯原子最外电子层上，形成带正电的钠离子和带负电的氯离子，二者通过静电作用结合在一起，形成氯化钠。

化学方程式（名）huàxué fāngchéngshì chemical equation
方程式（名）fāngchéngshì equation
钠（名）nà sodium
氯（名）lǜ chlorine
离子（名）lízǐ ion

人们把这种带相反电荷离子之间的相互作用称为离子键。氯化钠的形成过程可以用电子式表示：

离子键（名）lízǐjiàn ionic bond
电子式（名）diànzǐshì electronic formula

氯气和金属钠的形成也是依靠离子键吗？

依靠（动/名）yīkào to depend on; dependence

事实上，构成氯气分子的2个原子是通过共价键结合在一起的，而金属钠的形成则与金属键有关。氯原子最外层有7个电子，两个氯原子各提供1个电子形成共用电子对，于是两个氯原子都形成了8个电子的稳定结构。像氯分子这样，原子间通过共用电子对所形成的相互作用叫作共价键。金属键主要在金属中存在，它是金属阳离子和自由电子之间强烈的相互作用。

共价键（名）gòngjiàjiàn covalent bond
金属键（名）jīnshǔjiàn metallic bond
阳离子（名）yánglízǐ cation

离子键、共价键和金属键统称为化学键。化学反应的本质是旧化学键的断裂和新化学键的形成。当化学反应应用于实际时，人们最关心两个问题，即化学反应的速率和限度。

化学键（名）huàxuéjiàn chemical bond
化学反应（名）huàxué fǎnyìng chemical reaction
速率（名）sùlǜ rate
限度（名）xiàndù limit

化学反应速率通常用单位时间内反应物浓度的减少量或生成物浓度的增加量来表示，单位是mol/(L·s)。人们可以通过

反应物（名）fǎnyìngwù reactant
浓度（名）nóngdù concentration
生成物（名）shēngchéngwù product
生成（动）shēngchéng generage

温度、溶液的浓度、催化剂等因素调控化学反应速率。

化学反应限度决定了反应物的最大转化率。如图 9-2 所示,在可逆反应中,当正向反应速率($v_{正}$)和逆向反应速率($v_{逆}$)相等,反应物和生成物的浓度不再改变时,我们称该反应达到化学平衡状态,简称化学平衡。化学平衡状态是在给定条件下化学反应所能达到或完成的最大程度,即该反应进行的限度。

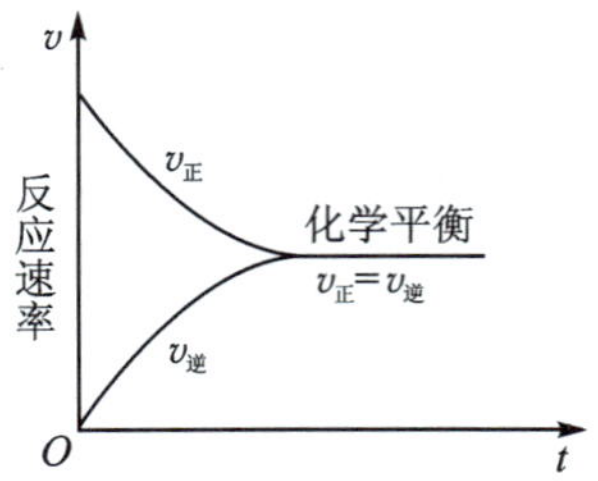

图 9-2　可逆反应

催化剂(名)cuīhuàjì catalyzer
调控(动)tiáokòng to regulate and control

逆向(动)nìxiàng reverse
给定(动)gěidìng preset

语言点

1. 禁不住

动词。承受不住。常带名词、动词或小句作宾语。例如:

(1) 箱子太沉,这个架子恐怕禁不住。

(2) 这种植物禁不住冻,很容易被冻伤。

(3) 孩子太小,禁不住气温的剧烈变化。

禁不住的反义词是禁得住,表示承受得住。例如:

河面的冰已经能禁得住卡车在上面行驶了。

2. 依次

副词。按照顺序。例如:

(1) 人体中含量最多的三种元素依次是氧、碳、氢。

(2) 同主族元素随着原子序数的增加,金属性依次增强。

(3) 所谓串联电路,即将元件(如电阻器、电容器、电感器等)依次首尾相接所组成的电路。

3. 先后

副词。前后相继。例如:

(1) 居里夫人先后获得诺贝尔物理学奖和化学奖。

(2) 原子、电子、原子核和中子先后被发现。

名词。先和后。例如:

(1) 时刻可以反映出时间的先后,时间间隔则反映出时间的长短。

(2) 地质学家根据地层自然形成的先后顺序把地层分为五代:太古代、元古代、古生代、中生代和新生代。

比较:依次 & 先后

二者都是副词。“依次”强调的是“顺序”;“先后”强调的是时间上的“先”和“后”。“先后”还可作名词,而“依次”没有这种用法。例如:

(1) 下列微粒被发现的先后顺序依次是原子、电子、原子核、中子。

(2) 对静止于地面的物体先后施加 60 N 和 30 N 的水平拉力,物体仍然保持静止状态,试求两种情况下物体受到的摩擦力分别为多少?

4. 依据

名词。作为论断前提或言行基础的事物。例如:

(1) 爱因斯坦的相对论为原子能的开发提供了理论依据。

(2) 这次考古发现对确定中国史前历史的分期提供了重要依据。

动词。以某种事物为根据。例如:

(1) 静电应用所依据的物理原理通常是让带电的物质微粒在电场力作用下,奔向并吸附到电极上。

(2) 托尔曼认为,学习的实质是形成认知地图。他得出该结论依据的是位置学习实验。

介词。以某种事物作为论断的前提或言行的基础。例如:

(1) 植物学家主要依据花、果实和种子对植物进行分类。

(2) 依据联合国海洋公约,一个国家领海的宽度一般不超过 12 海里。

比较:依据 & 根据

二者词性和意思相同。“依据”适用于“法令、规定、标准和事实”;“根据”使用频率更高,适用范围更广。另外,“有根据”可以说成“有根有据”,而“依据”没有这种用法。例如:

(1) 人们依据(根据) 蝙蝠回声定位的原理发明了雷达。

(2) 根据天气预报,明天仍然有小到中雨。

(3) 这部电影是根据同名小说改编的。

5. 呈现

动词。显出、露出。常用搭配“呈现+颜色/状态/特点/景象/趋势/规律”等。例如:

(1) 选择吸收性是物体呈现颜色的主要原因。

(2) 物质呈现哪一种聚集状态是跟它们含有的能量有关的。

(3) 近几年,网民的平均年龄呈现低龄化趋势。

6. 到……为止

表示时间或者事物发展变化过程的终止。例如:

(1) 他反复练习这个舞蹈动作,一直到自己满意为止。

(2) 这件事情到此为止,以后不要再提了。

(3) 到目前为止,关于地球内部的知识主要来自对地震波的研究。

7. 数以……计

常用“数以百计、数以千计、数以万计、数以千万计、数以亿计”等来形容非常多,作谓语或定语。例如:

(1) 在火星和木星的轨道之间运行的小行星数以万计。

(2) 国家博物馆收藏和陈列着数以千计的文物。

(3) 光能同时接收图像中数以亿计的信息量并进行快速处理。

8. 生成

动词。(自然现象) 形成;经过化学反应而形成;产生。例如:

(1) 台风在热带洋面上生成,携带着大量的水分,带来的降水量十分惊人。

(2) 氧化铁在高温下能被一氧化碳还原成铁,同时生成二氧化碳。

(3) 成熟的种子落在适宜的环境里生成新的植物体。

比较：形成 & 生成

二者都是动词，表示事物的产生。“形成”一般有一个发展变化的过程；“生成”特别用于描述化学反应。例如：

（1）条件反射是人出生后在生活过程中逐渐形成的后天性反射。

（2）三角洲是由于河流里的泥沙年深岁久的堆积而形成的。

（3）氧化钠是白色的固体，跟水起剧烈的反应，生成氢氧化钠。

9. 调控

动词。调节控制。例如：

（1）催化剂能调控化学反应速率。

（2）政府出台了多项楼市调控政策，希望能够抑制房价上涨。

（3）有的学者让人工智能（artificial intelligence，AI）学习神经调控，帮助瘫痪患者重新站立。

比较：控制 & 调控

二者都表示使不超出一定范围。“控制”还可以表示使不能任意活动、使处于自己的管理或影响下；“调控”常用于对经济、市场、价格、政策、目标、基因等的调节控制。例如：

（1）随着手机的普及，越来越多的人被手机控制而不能自拔。

（2）市场经济中有一只“有形的手”，它是指政府的宏观调控。

（3）植物生长发育的各个阶段都受到激素的调节控制，花芽分化也不例外，受内源激素的调控。

练习

一、熟读下列词语

奥秘　递增　卤族　繁多　调控　电子层　碱金属　氯化钠　离子键　催化剂

核电荷数　原子序数　可逆反应　元素周期律　数以千万计　化学方程式

共用电子对　生成物浓度　化学平衡状态

二、仿照例子分别写出包含"族、剂"的词语，并理解其意思

主　族________________

催化剂________________

三、写出表9-1所列物质的化学式或中文名称，并说出这些物质是由哪些元素组成的

表9-1　物质的化学式与中文名称

化学式	中文名称	化学式	中文名称	化学式	中文名称
	氢气		氧气		氮气
	铁		碳		硫
H_2O		CO_2		Fe_2O_3	
HCl		$CuSO_4$		$NaHCO_3$	

四、写出下列化学反应的化学方程式，并指出反应物和生成物各是什么

1. 碳在氧气中燃烧生成二氧化碳。

2. 水通电分解为氢气和氧气。

3. 铁与硫酸铜溶液反应有红色物质生成，且溶液由蓝色变为浅绿色。

4. 过氧化氢(H_2O_2)在二氧化锰(MnO_2)作催化剂的条件下分解为水和氧气。

5. 在高温条件下，一氧化碳还原四氧化三铁生成铁和二氧化碳。

五、选词填空

奥秘　空位　总称　依据　浓度　催化剂

1. 用二氧化锰(MnO_2)作________，可以加速这个反应的进行。
2. 他走进教室找了一个离讲台很远的________坐了下来。
3. 天体是指恒星、行星、卫星、彗星以及星云、星团等的________。
4. 生物的形态结构是生物分类的________。
5. 科学家试图解开地球生命起源的________。
6. 二氧化碳是光合作用的原料，二氧化碳的________增加，光合作用也会加强。

稀有　依次　先后　内在　逆向

1. 金星是太阳系中唯一________自转的大行星，因此在金星上看太阳是西升东落的。

2. 锂、铍、铷等金属在地壳中储藏量很少，因此被称为________金属。

3. 美国化学家鲍林曾________两次获得诺贝尔奖。

4. 遗传和变异是生物进化的________因素，生存斗争推动着生物的进化，它是生物进化的外在动力。

5. 把导体一个接一个地________连接起来就组成串联电路。

排序　递增　除外　呈现　依靠　调控　给定　生成

1. 编程时可以使用“冒泡法”将一组数按照从小到大的顺序________。

2. 心率低于 60 次/分钟，叫作心动过缓(运动员________)。

3. 在低温条件下，某些金属________电阻为零的超导现象。

4. 函数 $y=x^2$ 在$[0,+\infty)$上单调________。

5. 科学家发现通过精确________某种基因物质就能培育出不苦的黄瓜。

6. 20 年来，他一直致力于帮助那些失去生活________的人。

7. 氢氧化亚铁和氢氧化铁都是不溶性碱，它们能跟酸反应，分别________亚铁盐和铁盐。

8. 在________电阻的情况下，电流和电压成正比。

六、用括号中的词语改写下列句子

1. 据说人体能够承受的最大压强为 450 千帕。(禁得住)

2. 物质的热力学性质主要取决于分子的热运动。(由……决定)

3. 他把氢气和氧气反应生成水作为例子，说明化学反应前后质量守恒。(以……为例)

4. 迄今为止人类能够观测到的宇宙直径大约有 930 亿光年。(到……为止)

5. 碳能够以很少的数量构成几千万种有机化合物。(数以……计)

七、将下列词语组成句子

1. 丰富多彩的　植物资源　广泛地　地球上　分布在

2. 呈现　性质　元素的　规律　周期性的　变化

3. 同一　各种　元素的　同位素　质量数　不同

4. 先后　居里夫人　发现了　钋　镭　和

5. 内在　牛顿第二定律　加速度　作用力　揭示了　联系　和　之间的

八、根据课文内容填空

1. 质子数=________=________=________。

2. 砷原子有4个________,最外电子层有________个电子,________是33,相对原子质量是________。

3. 化学元素周期表有________个周期、________个族。同一周期的元素具有相同的________;同一族的元素________________、________________。

4. 第ⅠA族元素(氢除外)又称为________元素,如________;第ⅦA族元素叫作________元素,如________;0族元素也称为________元素,如________。

5. 钠与氯气反应生成氯化钠,在这个过程中,钠原子失去电子形成带________电的________,氯原子________形成带________电的氯离子。

6. ________、________和金属键统称为________。金属键是金属________和________之间强烈的相互作用。

7. 反应物的最大转化率取决于________。

8. 化学反应速率的单位是________,读作________。

九、根据课文内容回答下列问题

1. 元素的定义是什么?
2. 元素周期律的具体内容是什么?
3. 离子键和共价键是如何形成的?(分别以NaCl和Cl_2为例进行说明)
4. 化学反应的本质是什么?
5. 怎么表示化学反应速率?
6. 影响化学反应速率的因素有哪些?
7. 如何定义化学平衡状态?

十、想一想,说一说

门捷列夫认为元素的性质随着相对原子质量的递增而呈现周期性的变化,但是镍和钴、碲和碘的排序却不符合这一规律,是这些元素的相对原子质量测量错了吗?直到原子序数的发现，这一问题才有了答案。请查阅资料，说一说原子序数的发现者以及他发现原子序数的经过。

知识链接

原子核外电子的排布

原子是由原子核和核外电子构成的。在含有多个电子的原子里，电子分别在能量不同的区域内运动，而且离原子核距离也不同。我们把这些不同的区域称作电子层，分别用 $n=1,2,3,4,5,6,7$ 或 K、L、M、N、O、P、Q 来表示从内到外的电子层，如图 9－3 所示。

同一电子层中电子能量仍有微小差别，电子层又进一步细分为若干亚层，用 s、p、d、f 表示，能量依次增加。不同的亚层包含不同的轨道数，s、p、d、f 亚层各包含 1，3，5，7 个轨道，同一亚层的不同轨道能量相同。

在多电子原子中，随着电子离原子核距离的增加，电子的能量逐层增加。电子总是尽可能地先从内层排起，当一层填满后再填下一层。

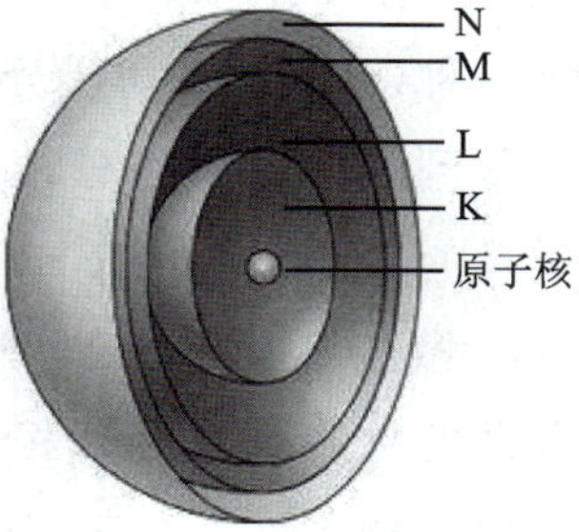

图 9－3　电子层模型示意图

核外电子的排布应遵循若干原则：

(1) 泡利不相容原理：一个原子轨道上最多只能容纳两个自旋方向相反(用↑↓表示)的电子。

(2) 能量最低原理：电子的轨道排布应使整个原子的能量处于最低状态。

(3) 洪特规则：当电子排布在同一亚层的不同轨道时，总是优先单独占据一个轨道，而且自旋方向相同。

我们具体来看一个例子：氧原子的电子排布式为 $1s^2 2s^2 2p^4$，$1s^2$ 表示第一电子层 s 亚层上有 2 个电子；$2s^2$ 表示第二电子层 s 亚层上有 2 个电子，剩下的 4 个电子全部填充到 p 亚层上。

相关阅读

丁达尔效应

当日光从窗隙射入暗室，或者光线透过树叶间的缝隙射入密林时，可以看到一条光亮的“通路”，这种现象叫作丁达尔效应(见图 9－4)，又叫作光的散射现象(光线偏离原来方向而分散传播)或者乳光现象。丁达尔效应因被英国物理学家丁达尔于 1869 年发现而得名。

图 9－4　森林中的丁达尔效应

是否发生丁达尔效应与分散系粒子的直径大小有关。

把一种(或多种)物质分散到另一种(或多种)物质中所得到的体系叫作分散系。例如,海水就是由多种盐类及有机物(organic matter)、无机物(inorganic matter)、微生物等分散在水中所形成的分散系。通常把被分散的物质称为分散相(或分散质),使分散相在其中分散的物质称为分散剂(或分散介质)。分散相处于分割成粒子的不连续状态,而分散剂则处于连续的状态。按照分散相或分散剂所处的状态(固态、液态、气态),它们之间可以有 9 种组合方式(见图 9－5)。

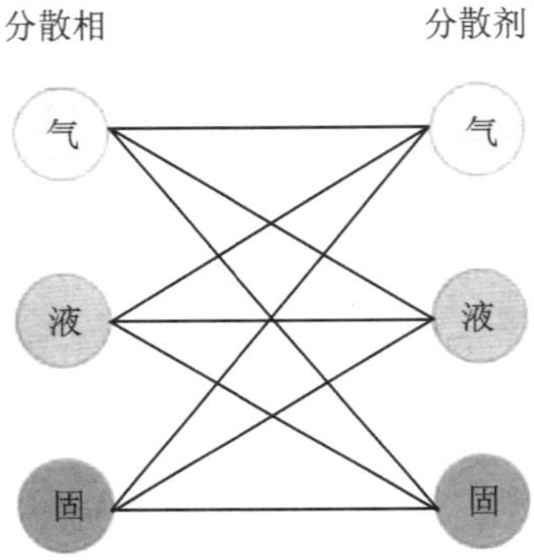

图 9－5　9 种分散系

按照分散相粒子的大小可以把分散系分为三类:

(1) 分子分散系或离子分散系:这种分散系中分散相粒子直径为 0.1～1 纳米,即分散相粒子相当于分子或离子的大小。一般我们所说的溶液(例如糖或盐溶于水得到的糖水溶液或盐水溶液)都属于此类分散系。生物体内的各种生理、生化反应主要在以水为溶剂的溶液系统中进行。

(2) 胶体分散系:分散相粒子的平均直径为 1～100 纳米,这种分散相粒子的平均直径比离子或分子直径大得多。胶体分散系简称胶体。按照分散剂的状态,胶体可以分为气溶胶(如雾霾)、液溶胶(如稀豆浆)和固溶胶(如合金)。

(3) 粗分散系:分散相粒子的平均直径为 100 纳米～10 微米,比胶体分散相粒子大得多,甚至用肉眼都能看到,比如泥浆就属于粗分散系。粗分散系同时存在两个或两个以上的相态,属于多相系统。

当光线射向分散系时,只有一部分光能通过,其余部分被吸收、反射或散射。当粒子直径大于入射光波长(400～700 纳米)时,就发生光的反射;当粒子直径小于光的波长时,则发生光的散射。胶体中粒子的直径小于入射光的波长,能使光发生散射,溶液也能使光发生散射，但是由于溶液中粒子的直径小于 1 纳米，散射光的强度随散射粒子体积的减小而明显减弱，因此当光束通过胶体时可以观察到丁达尔效应，而通过溶液时则观察不到这种现象。

根据文章内容回答问题：

(1) 丁达尔效应又叫作什么？是否发生丁达尔效应与什么有关？

(2) 什么是分散系？分散系中分散相和分散剂各处于何种状态？

(3) 区分分子分散系、胶体分散系、粗分散系三者的主要依据是什么？

(4) 糖水溶液、稀豆浆和泥浆各属于哪类分散系？

(5) 当分散系中粒子直径和入射光的波长满足什么关系时会发生散射？

(6) 为什么当光束通过溶液时观察不到丁达尔效应？

第十课　细胞

课文

生命活动离不开细胞。即使像病毒那样没有细胞结构的生物，也只有依赖活细胞才能生活。生物圈中存在着众多的单细胞生物，如细菌、单细胞藻类、单细胞动物等，单个细胞就能完成各种生命活动。许多植物和动物是多细胞生物，它们依赖各种分化的细胞密切合作，共同完成一系列复杂的生命活动。

细胞（名）xìbāo cell
病毒（名）bìngdú virus
依赖（动）yīlài to rely on
细菌（名）xìjūn bacteria
藻类（名）zǎolèi algae
单细胞（名）dānxìbāo single cell
系列（名）xìliè series

1. 真核细胞与原核细胞

细胞是生物体结构和功能的基本单位。通过显微镜观察，我们可以了解到细胞的多样性，同时也可以看到细胞都有相似的基本结构，如细胞膜、细胞质和细胞核，这反映了细胞的统一性。但是有一类细胞没有成形的细胞核，如大肠杆菌以及其他的细菌。科学家根据细胞内有无以核膜为界限的细胞核，把细胞分为真核细胞和原核细胞两大类，如图 10－1 所示。原核细胞没有成形的细胞核，只有拟核。

显微镜（名）xiǎnwēijìng microscope
细胞膜（名）xìbāomó cell membrane
细胞质（名）xìbāozhì cytoplasm
细胞核（名）xìbāohé nucleus
大肠杆菌（名）dàchánggǎnjūn Bacillus coli
核膜（名）hémó nuclear membrane
拟核（名）nǐhé nucleoid

2. 组成细胞的化合物

组成细胞的元素大多以化合物的形式

化合物（名）huàhéwù chemical compound

存在，具体化合物如图 10－2 所示，化合物的相对含量如表 10－1 所列。

含量（名）hánliàng content

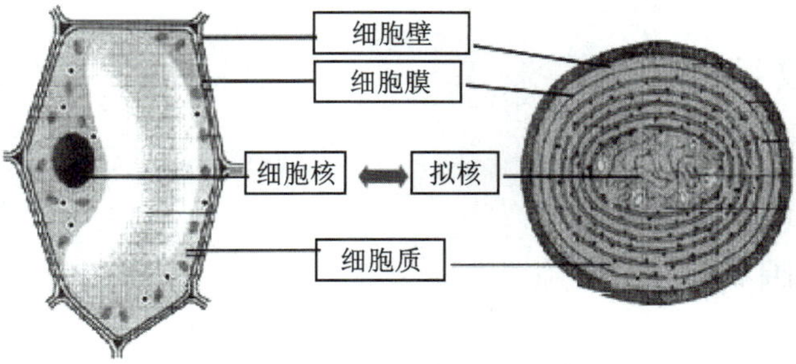

图 10－1　真核细胞与原核细胞

组成细胞的化合物
- 无机化合物
  - 水
  - 无机盐
- 有机化合物
  - 糖类
  - 脂质
  - 蛋白质
  - 核酸

图 10－2　组成细胞的化合物

无机化合物（名）wújī huàhéwù inorganic chemical compound
有机化合物（名）yǒujī huàhéwù organic chemical compound
无机盐（名）wújīyán inorganic salt
脂质（名）zhīzhì lipid
蛋白质（名）dànbáizhì protein
核酸（名）hésuān nucleic acid

表 10－1　化合物的相对含量

单位：%

化合物	相对含量
水	85～90
无机盐	1.0～1.5
蛋白质	7.0～10
脂质	1.0～2.0
糖类和核酸	1.0～1.5

从图 10－2 与表 10－1 中可以看到，组成细胞的有机化合物中含量最多的就是蛋白质，蛋白质是生命活动的主要承担者。我们平时所吃的食物中一般都含有蛋白质，肉、蛋、奶和大豆制品中蛋白质含量尤其丰富。蛋白质必须经过消化成为各种氨基酸，才能被人体吸收和利用。

消化（动）xiāohuà digest
氨基酸（名）ānjīsuān amino acid
吸收（动）xīshōu absorb

氨基酸是组成蛋白质的基本单位。在生物体中组成蛋白质的氨基酸约有20种，这些氨基酸可以构成多达 $10^{10}\sim10^{12}$ 种蛋白质。在细胞内，每种氨基酸的数目成百上千，当氨基酸形成肽链时，不同种类氨基酸的排列顺序千变万化，肽链的盘曲、折叠方式及形成的空间结构千差万别，因此，蛋白质分子的结构是极其多样的。

肽链（名）tàiliàn peptide chain
盘曲（形）pánqū tortuous; winding
折叠（动）zhédié fold

核酸也是组成细胞的主要化合物，它存在于所有的细胞中。核酸包括两大类：一类是脱氧核糖核酸，简称DNA；一类是核糖核酸，简称RNA。核酸是细胞内携带遗传信息的物质，在生物体的遗传、变异和蛋白质的生物合成中具有极其重要的作用。真核细胞的DNA主要分布在细胞核中，原核细胞的DNA主要存在于拟核中。线粒体、叶绿体内也含有少量的DNA。RNA主要分布在细胞质中。

脱氧核糖核酸（名）tuōyǎng-hétáng hésuān deoxyribonucleic acid; DNA
核糖核酸（名）hétáng hésuān ribonucleic acid; RNA
携带（动）xiédài carry; to take along
遗传（动）yíchuán inherit
变异（动）biànyì mutate
合成（动）héchéng synthesize
线粒体（名）xiànlìtǐ mitochondrion
叶绿体（名）yèlǜtǐ chloroplast

核酸同蛋白质一样，也是生物大分子。核酸的相对分子质量很大，一般是几十万至几百万。核酸水解后得到许多核苷酸，实验证明，核苷酸是核酸的基本组成单位。每个核酸分子是由几十个乃至上亿个核苷酸连接而成的长链。在绝大多数生物体的细胞中，DNA由两条脱氧核苷酸链构成，RNA由一条核糖核苷酸链构成。绝大多数生物的遗传信息贮存在DNA中，但是也有部分病毒(如HIV、SARS病毒等)的遗传信息直接贮存在RNA中。

大分子（名）dàfēnzǐ macromolecule
水解（动）shuǐjiě hydrolyze
核苷酸（名）hégānsuān nucleotide
乃至（连）nǎizhì and even
贮存（动）zhùcún to keep in storage

糖类和脂质也是细胞结构的重要组成

成分，为细胞的生活提供能量，是生命活动的重要能源物质。

细胞中的水以结合水和自由水两种形式存在，细胞的一切生命活动都离不开水。细胞中大多数无机盐以离子的形式存在，许多种无机盐对于维持细胞和生物体的生命活动有重要作用。

活细胞中这些化合物的含量和比例处在不断变化之中，但又保持相对稳定，以保证细胞生命活动的正常进行。

能源（名）néngyuán energy

结合水（名）jiéhéshuǐ bound water
自由水（名）zìyóushuǐ free water
维持（动）wéichí maintain

语言点

1. 依赖

动词。依靠某种人或事物而不能自立或自给；指各个事物或现象互为条件而不可分离。“依赖”后边可以加“于”，引出依赖的对象。例如：

（1）我们不能有依赖思想，要自力更生，创造自己美好的生活。

（2）不仅氨基酸和核苷酸的生物合成的研究，就是蛋白质和核酸的生物合成的研究也多依赖于遗传学方法，多采用微生物作为材料。

（3）在这些生物个体中，既有同种的，也有不同种的，它们之间存在着既相互依赖又相互制约的关系。

比较：依靠 & 依赖

二者都是动词。“依靠”的对象是别的人或事物，也可以是自身的力量；“依赖”的对象只能是别的人或事物。“依靠”还可作名词。

（1）国家降低关税会使一些依靠（依赖）进口原料生产的产品的成本下降。

（2）我们要解决温饱问题只能依靠自己的力量，而不是依赖别的国家或国际组织。

（3）如果说在父亲身上寄托着他们的理想和希望，那么母亲就是他们目前唯一的依靠了。

2. 系列

名词。相互关联的成组成套的事物或现象。常用“一系列”作定语。例如：

(1) 通过实践，人们可以利用蜂花粉发展化妆品类、营养食品类、保健食品类和饮料类四大系列产品。

(2) 随着工业化社会的发展，出现了一系列综合性的社会问题，如生态问题、环境问题、城市问题、人口问题等。

(3) 这些气体在大自然不断产生的宇宙射线、紫外线、闪电等的作用下，就可能自然合成氨基酸、核苷酸、单糖等一系列比较简单的有机小分子物质。

3. ……性

后缀。加在名词、动词或形容词之后构成抽象名词或属性词，表示事物所具有的性质特征。例如：

系统性、适用性、延展性、稳定性、普遍性、可靠性、多样性。

4. 以……形式……

“以”的后边通常是名词，“形式”的后边通常是动词，意思是用某种形式去做一件事。例如：

(1) 蒸发的水汽上升到空中形成云，又以雨雪等形式落下来，通过江河流入海洋。

(2) 植物能通过光合作用把太阳能转变成化学能，以碳水化合物形式贮存在体内。

(3) 营养元素首先是以矿物质的形式被植物从周围空气和土壤中吸收，然后以有机分子的形式从一个营养级传递到下一个营养级。

5. 相对

形容词。依靠一定条件而存在，随着一定条件而变化的(跟“绝对”相对)；比较的。在科技文体中，常跟名词一起构成专业术语，如“相对值、相对量、相对高度”等。例如：

(1) 利用酒精灯控制水温，使试管里水的温度保持相对稳定。

(2) 惰性气体的“惰性”是相对的，而不是绝对的。

(3) 像“甲地比乙地高出 1 千米”这种表示某个地点高出另一个地点的垂直距离，叫相对高度。

6. 达

多用于书面语，表示达到某个目标或某种程度。多带数量词，用在“长/高/深/多”等形容词后面，表示强调。例如：

(1) 有机化合物种类繁多，目前从自然界发现的和人工合成的有化合机物已达数百万种，而无机化合物却只有十多万种。

(2) 恒星离地球十分遥远，最近的一颗也远达 43 万亿千米。

(3) 在格陵兰岛等地每年有多达上万座冰山流入海洋。

7. 携带

动词。随身带着。例如：

(1) 手机体积小，可以随身携带，键盘输入也很方便，因此，手机购物具有很好的便捷性。

(2) 这种无人驾驶飞机可以携带 5 443 千克(1.2 万磅)重的燃料和弹药，其最高飞行速度可能将达到 10 倍声速。

(3) 预防新冠肺炎的有效措施是隔离，隔离可防止携带病毒的人通过各种渠道把病毒传播给他人。

8. 乃至

连词。甚至，表示强调。一般用在并列的词语、短语或小句的最后一项之前，表示突出最后一项所指的内容。多用于书面语。也可以说“乃至于”。例如：

(1) 无线时代正在扩展，普及的不仅是我们的手机、平板计算机和笔记本计算机，还包括我们的汽车、住宅，乃至整个社区。

(2) 酸雨不仅使河、湖水酸化，影响鱼类生长繁殖，乃至大量死亡，而且会使土壤酸化，危害森林和农作物生长，并可危及人类健康，腐蚀建筑物等。

(3) 一代一代的遗传变异逐渐积累，终将会引起生物类型的变化：生物从单细胞到多细胞；从低级到高级；从鱼类到兽类乃至于到人类。

9. 维持

动词。使继续存在下去。例如：

(1) 今天参观的人肯定很多，安保人员一定要维持好秩序。

(2) 在生产力极端低下的人类社会初期，人们终日辛勤劳动，只能维持最低生活水平。

(3) 体内血量的相对稳定，对维持人体的正常生理活动具有重大的意义。

比较:保持 & 维持

二者都是动词。"保持"强调使不消失或减弱,常用搭配"保持……状态/传统/水土/联系/冷静"等;"维持"强调必须经过努力或采取必要的手段,才能使原有的状态得以继续下去,常用搭配"维持……秩序/生命/生活"等。例如:

(1) 改变意味着将使原本不易的生活更加艰难,因此,他们更倾向于保持(维持)现状。

(2) 鼻涕能使鼻腔保持湿润,粘住吸入空气里的灰尘和细菌,对吸入的空气起着清洁的作用。

(3) 要想维持一段长久的感情,保持新鲜感和距离才是关键。

练习

一、熟读下列词语

病毒　依赖　拟核　脂质　肽链　折叠　携带　遗传　变异　乃至　贮存　维持

细胞膜　蛋白质　氨基酸　核苷酸　大肠杆菌　脱氧核糖核酸

二、仿照例子分别写出包含"酸、质"的词语,并理解其意思

核　酸________________________________

蛋白质________________________________

三、完成下面的图

1. 在图 10－3 中的"?"处填写"具有"或者"不具有"。

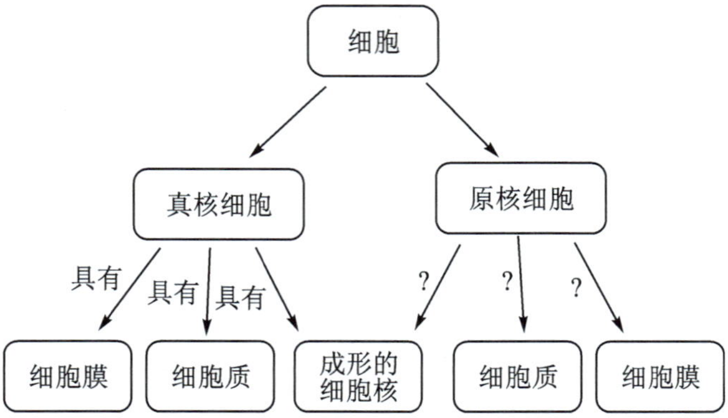

图 10－3　真核细胞与原核细胞的区别

2. 在图 10－4 中写出组成细胞的化合物。

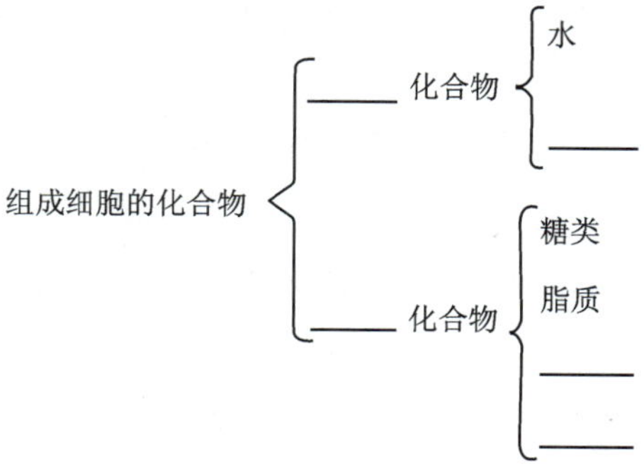

图 10－4　细胞中的化合物

四、选词填空

变异　贮存　维持　保持　含量　承担　折叠

1. 大气中的氧是人类和其他一切生物________生命活动所必需的物质。

2. 随着现代工业的发展，煤、石油被大量使用，大气里的二氧化碳________不断增加。

3. 很多病毒在传播一段时间后会发生________，传染能力也会减弱。

4. 在一个与外界没有电荷交换的系统内，正负电荷的代数和始终________不变。

5. 现代科学的开发要投入更多的人力、财力，也带有很大的风险性，只有实力雄厚的大企业才有能力________。

6. 运载火箭不是特别宽，如果使用充气式航天器，那么就可以事先________起来，塞进火箭里，待入轨后再充气展开。

7. 由于浓硫酸具有强氧化性，因此浓硫酸可以________在铁制容器中。

遗传　依赖　依靠　合成　相对　携带　吸收

1. 这些卫星分别________着二三十种实验仪器，在不同的轨道上进行探测。

2. 化学反应需要________一定的能量才能放出热量。

3. 对于基因武器，一些________工程学者早已注意到它的危险性，呼吁对它的研究加以严格限制。

4. 所谓共生就是两种生物共同生活在一起，相互________，彼此有利；如果彼此分开，则双方或者一方不能独立生存。

5. 生态平衡是________的，不是绝对的；是动态的，不是静态的。

6. 大肠内某些细菌能利用肠内较简单的物质________一些维生素。

7. 科技人员在很短的时间内就________自己的能力掌握了这项技术。

五、将下列词语组成句子

1. 通过　我们　观察　显微镜　了解到　可以　细胞的多样性

2. 植物　含有　碘元素　藻类　丰富的　海洋中的

3. 具有　新的生命　遗传特征　通常情况下　将　父母双方的

4. 是　蛋白质　基本单位　组成　氨基酸　的

5. 能　充足的　为大脑　高质量的早餐　能源物质　提供

六、用括号中的词语改写下列句子

1. 天体的化学成分、温度、运动速度、磁场等一些相关的物理化学性质都直接或间接地影响它所发出的光线。(一系列)

2. 含碳的化合物非常多,目前已经知道的有数百万种。(达)

3. 太阳是一个巨大炽热的气体星球,它源源不断地通过电磁波向宇宙空间放射能量,这称为太阳辐射。(以……形式……)

4. 他对各地的物产气候、风俗习惯、社会情况甚至地理特征都做过详细的调查。(乃至)

5. 原子构成分子并不是静止的简单堆积,而是在不断地运动着。(处在……之中)

七、根据课文内容判断对错

1. 所有生物都具有细胞结构。(　　)

2. 人的各种反射活动都需要多个细胞的参与,不可能由一个细胞独立完成,因此细胞不可能是生命活动的基本单位。(　　)

3. 所有生物的细胞结构都完全一样。(　　)

4. 原核细胞和真核细胞最明显的区别在于有无以核膜为界限的细胞核。(　　)

5. 构成细胞膜、细胞质和细胞核的主要化合物是有机化合物,水和无机盐在活细胞中并不重要。(　　)

6. DNA 和 RNA 都能携带遗传信息。(　　)

7. 糖类和脂质是生命活动的重要能源物质。　　　　（　　）

八、根据课文内容回答下列问题

1. 细胞的定义是什么？
2. 细胞的基本结构有哪些？
3. 组成细胞的化合物有哪些？
4. 蛋白质如何才能被人体吸收和利用？
5. 为什么蛋白质分子的结构是极其多样的？
6. 核酸的主要功能是什么？
7. DNA 和 RNA 的主要区别是什么？
8. 细胞中的无机盐大多以什么形式存在？它的作用是什么？

九、想一想，说一说

1. 为什么 DNA 能够提供犯罪嫌疑人的信息？你还能说出 DNA 鉴定技术在其他方面的应用吗？

2. 当你运动消耗了大量体力时，你认为哪些食物可以尽快地为你补充能量？说明你的理由。

知识链接

癌细胞

细胞是有一定寿命的。正常机体内的细胞，有的在生长、分裂或分化；有的在凋亡；有的虽然不再分裂和分化，但是执行着重要的生理功能。这一切都是在机体的精确调控之中的。但是，有的细胞受到致癌因子的作用，细胞中遗传物质发生变化，就变成不受机体控制的、连续进行分裂的恶性增殖细胞，这种细胞就是癌细胞（cancer cell）。

癌细胞具有三个特征：在适宜条件下，癌细胞能够无限增殖；癌细胞的形态结构发生显著变化；癌细胞的表面发生变化。由于细胞膜上的糖蛋白等物质减少，癌细胞彼此之间的黏着性显著降低，容易在体内分散和转移。

目前，致癌因子大致分为三类：物理致癌因子（主要指辐射，如紫外线、X 射线等）、化学致癌因子（如砷化物、黄曲霉素等）、病毒致癌因子（如劳斯肉瘤病毒等）。

相关阅读

世界上第一个人工合成蛋白质的诞生

早在19世纪初,人们已经认识到,证明一种物质的分子结构最直接的方法,是在实验室中直接合成这种分子。19世纪中叶,科学家陆续用无机化合物合成了一些有机化合物,但是还不能合成蛋白质。1886年,俄国一位科学家尝试用氨基酸“装配”蛋白质。他先将蛋白质分解,把得到的氨基酸放进试管里,再加入一些促进蛋白质合成的物质。过一段时间后,试管里出现了乳白色的沉淀物。当时整个科学界轰动了,以为找到了人工合成蛋白质的方法,但实际上这些沉淀物只是一些氨基酸分子随机连接形成的多肽(polypeptide)。

在探索过程中,科学家逐渐认识到,要想快速、准确地合成蛋白质,首先要弄清蛋白质中氨基酸的排列顺序。例如,一个由20种、500个氨基酸组成的蛋白质,它的氨基酸的排列顺序就可能有20^{500}种。也就是说,如果不清楚氨基酸的排列顺序,那么可能需要拼接20^{500}次,才有可能获得所需要的蛋白质。后来,英国科学家桑格(F. Sanger)经过10年的努力,终于在1953年测得了牛胰岛素(bovine insulin)全部氨基酸的排列顺序。

20世纪初人们就发现胰岛素能治疗糖尿病。由于胰岛素在牛、羊等动物体内含量很少,很难通过提取来大量制备,因此,人们梦想着有一天能用人工方法合成胰岛素。

1958年,中国科学家提出人工合成胰岛素的设想。当时国际上最高的科研水平,也只能合成由19个氨基酸组成的多肽。胰岛素虽然是相对分子质量较小的蛋白质,但是也由17种、51个氨基酸、两条肽链组成。这项艰巨的任务由北京和上海两地的科研小组共同承担。经过集体研究,科研人员决定先把天然胰岛素的两条链拆开,摸索将两条链合在一起的方法;然后再分别合成两条链;最后将两条人工链合在一起。经过6年零9个月的不懈努力,中国科学家终于在1965年完成了结晶牛胰岛素的全部合成,更令人振奋的是,合成的胰岛素具有与天然胰岛素一样的生物活性!

人工合成蛋白质——牛胰岛素的合成,标志着人类在认识生命、探索生命奥秘的征途中迈出了关键性的一步,其意义与影响是巨大的。

根据文章内容回答下列问题:

(1) 证明一种物质的分子结构最直接的方法是什么?

(2) 要想快速、准确地合成蛋白质,首先要弄清楚什么?

(3) 为什么人们梦想着用人工方法合成胰岛素?

(4) 中国科学家是用什么方法将牛胰岛素合成的?

(5) 牛胰岛素的合成有什么意义?

第十一课　冯·诺依曼体系结构

课文

1945年，美籍匈牙利数学家约翰·冯·诺依曼等人，联名发表了计算机史上著名的“101页报告”，明确提出了计算机的体系结构。从1946年第一台电子计算机诞生以来，计算机制造技术发生了巨大变化，但无论经历怎样的更新换代，计算机使用的仍然是冯·诺依曼最初设计的计算机体系结构。因此冯·诺依曼被世界公认为“计算机之父”，他设计的计算机体系结构称为冯·诺依曼体系结构。

约翰·冯·诺依曼（专名）Yuēhàn Féng Nuòyīmàn John von Neumann
联名（动）liánmíng jointly signed
诞生（动）dànshēng to be born
更新换代（成）gēngxīn huàndài update
公认（动）gōngrèn to be generally accepted

1. 冯·诺依曼体系结构的核心思想

冯·诺依曼体系结构的核心思想可以概括为两方面：一是数字计算机的数制采用二进制；二是计算机应该按照程序或指令的顺序执行。二进制数是用0和1两个数码来表示的数。它的基数为2，进位规则是“逢二进一”，借位规则是“借一当二”。采用二进制作为计算机数值计算的基础，不采用人类常用的十进制计数方法，使计算机更容易实现数值的计算。所谓按程序或指令的顺序执行，即预先编好程序，然后交给计算机按照程序中预先定义好的顺序进行数值计算。

数制（名）shùzhì numerical system
二进制（名）èrjìnzhì binary system
指令（名）zhǐlìng instruction
执行（动）zhíxíng execute
基数（名）jīshù cardinal number
进位（动）jìnwèi carry(a number)
逢（动）féng meet; come upon
借位（动）jièwèi borrow
数值（名）shùzhí numerical value
预先（副）yùxiān in advance; beforehand
编（动）biān compose(program)

2. 冯·诺依曼体系结构计算机的五大基本组成部件

根据冯·诺依曼体系结构构成的计算机必须具有如下功能:把需要的程序和数据送至计算机中,同时具有长期记忆程序、数据、中间结果及最终运算结果的能力;能够完成各种算术运算、逻辑运算和数据传送等数据加工处理;能够根据需要控制程序走向,并能根据指令控制机器的各部件协调操作;最后能够按照要求将处理结果输出给用户。

为了实现计算机的上述功能,计算机必须具备五大基本组成部件:

(1) 运算器:计算机加工处理信息并形成信息的加工厂。其主要功能是完成对数据的算术运算、逻辑运算和逻辑判断,所以有时它也被称为算术逻辑部件(arithmetic and logic unit,ALU)。

(2) 控制器:计算机的指挥中心,它实现各部件的联系。其主要功能是根据存放在存储器中的指令序列(程序)进行工作,并由一个程序计数器控制指令的执行。控制器具有判断能力,能根据计算结果选择不同的工作流程。

计算机的运算器和控制器结合在一起称为中央处理器。若将中央处理器集成在一块芯片上,便构成一个微处理器。

(3) 存储器:主要用于保存数据、运算结果和程序,并随时向运算器或控制器提供所需的数据或程序。程序和数据以二进制

部件(名)bùjiàn component;unit
如下(动)rúxià as follow
算术(名)suànshù arithmetic
传送(动)chuánsòng transfer;transmit
加工(动)jiāgōng process
走向(名)zǒuxiàng trend
协调(形/动)xiétiáo harmonious;coordinate
操作(动/名)cāozuò operate;operation
输出(动)shūchū output
用户(名)yònghù user

上述(形)shàngshù above-mentioned
运算器(名)yùnsuànqì arithmetic device

控制器(名)kòngzhìqì control device
存放(动)cúnfàng deposit;store
存储器(名)cúnchǔqì storage;memorizer
存储(动)cúnchǔ store
序列(名)xùliè sequence
计数器(名)jìshùqì counter
流程(名)liúchéng process

中央处理器(名)zhōngyāng chǔlǐqì central processing unit
集成(动)jíchéng integrate
芯片(名)xīnpiàn chip
微处理器(名)wēichǔlǐqì microprocessor

代码形式不加区别地存放在存储器中，存放位置由地址确定。

存储器分为内存储器和外存储器两大类。内存储器简称内存，又称主存，设在计算机主机内，用于存放当前要用的数据和程序。外存储器简称外存，设在计算机主机之外，如磁盘、光盘等。外存存放当前暂时不用的信息，待需要时才调入主存。

(4) 输入设备：主要用于把用户的数据和程序等信息转变为计算机能接收的电信号送进计算机。常用的输入设备有鼠标、键盘、扫描仪、摄像头等。

(5) 输出设备：主要用于将计算机的运算结果或工作过程按用户所要求的形式表现出来，将数据或程序的处理结果展示给用户。常用的输出设备有显示器、打印机、绘图仪等。

输入/输出设备常简称 I/O 设备，它们统称为外围设备(简称外设)。

这五大基本组成部件之间通过指令进行控制，并在不同部件之间进行数据的传递，如图 11－1 所示。

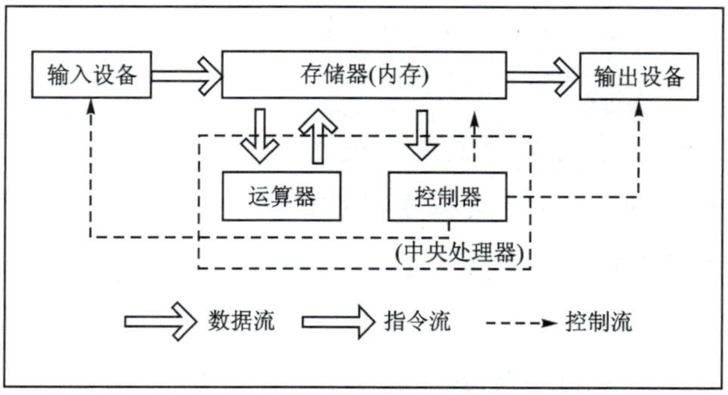

图 11－1 冯·诺依曼体系结构计算机的五大基本组成部件

代码（名）dàimǎ code

内存（名）nèicún internal memory
主存（名）zhǔcún main memory
设（动）shè to set up
主机（名）zhǔjī host computer
外存（名）wàicún external memory
磁盘（名）cípán disk
调（动）diào transfer

电信号（名）diànxìnhào electrical signal
扫描仪（名）sǎomiáoyí scanner
扫描（动）sǎomiáo scan
摄像头（名）shèxiàngtóu camera

展示（动）zhǎnshì display
显示器（名）xiǎnshìqì display device
绘图仪（名）huìtúyí plotting instrument

外围(形) wàiwéi peripheral

传递（动）chuándì transmit

语言点

1. 公认

动词。大家一致认为。常用格式“被……公认为……”。例如：

(1) 在有色金属方面，中国有着世界公认的最灿烂的青铜文化。

(2) 孙家栋是中国航天事业的见证人，被业界公认为中国的“卫星之父”。

(3) 由于柯塞尔在这方面的描述格外清晰，于是他被公认为离子键的创始人。

2. 执行

动词。实施、实行(政策、法律、计划、命令、任务等)。在计算机方面，常用搭配“执行……程序/指令”等。例如：

(1) 飞机上食品的加工管理、储藏和供应都要按照世界卫生组织(World Health Organization，WHO)的建议和标准执行。

(2) 专家建议装完系统之后对系统盘完整地执行一次磁盘扫描程序。

(3) 计算机每执行一条指令都可分为三个阶段进行：提取指令、分析指令、执行指令。

3. 采用

动词。认为合适而使用。常用搭配“采用……建议/技术/措施/方法”等。例如：

(1) 手机银行系统采用了很多行之有效的安全措施。

(2) 这部影片采用3D动画技术和立体电影拍摄技术制作，展示了中国探月工程的历程。

(3) 过去的气象观测都采用直接测量法，即利用各种测量仪器直接测出大气的温度等数据。

比较：应用 & 采用

二者都是动词，表示使用。“应用”指为适应某种需要而使用，多用于抽象事物，如理论、原理、观点、技术等，还可用作形容词；在科技文体中，常跟名词一起构成专业术语，如“应用科学、应用数学”等。“采用”强调在有多种选择的情况下选取最合适的。例如：

(1) 这项技术早已被许多国家应用在飞机制导及导弹跟踪上。

(2) 系统工程是一门很复杂的科学，但应用到家庭消费中又很简单。

(3) 随着互联网的发展和电子商务的应用，该公司采用了网络直销的方式。

4. 所谓……即……

常用于解释或者下定义，“所谓”用于所要解释的内容前边。常用的格式还有“所谓……是/就是/指/是指……”。例如：

(1) 所谓导体，即容易导电的物体。

(2) 所谓无理数是指无限不循环小数和开方开不尽的数。

(3) 所谓局域网，就是在某一区域内由多台计算机互联成的计算机组。

5. 具有

动词。意思是“有”，多用于抽象事物。例如：

(1) 芯片与大脑虽然是两种不同的事物，却具有相同的功能。

(2) 与主存储器相比，辅助存储器具有容量大、价格低、速度慢、便于携带的特点。

(3) 生命是蛋白质存在的形式，研究蛋白质的性质、结构和组成，对阐明生命过程和生命的起源具有重大意义。

比较：具有 & 具备

二者都是动词，表示有。“具有”强调客观存在，跟“没有”相对。常用搭配“具有……特点/功能/意义/才能/价值”等。前边可用“不”，不用“没”。“具备”有完整不缺少的意思，强调数量和质量要符合一定的要求，跟“缺少、缺乏”相对。常用搭配“具备……条件/能力/功能/素质/材料”等。前边可用“不”“没”。例如：

(1) 这个班绝大多数学生已经具备(具有) 了一般交流所需的英语能力。

(2) 目前这些国家还不具备独立发射载人飞船的基本条件。

(3) 方便面属于高脂、高盐、低矿物质、低维生素类食物，并不具备较全面的营养素。

6. 传送

动词。把物品、信件、消息、声音等从一处传到另一处。例如：

(1) 传真是利用无线电波传送图表、书信、照片的一种方法。

(2) 电子计算机传送信息的“语言”归根到底只有“0”和“1”两种，恰与“关”和“开”相对应。

(3) 这是一种在两道工序间传送部件的机器人，但它只能重复不太复杂的固定动作。

7. 协调

形容词。配合得适当。例如：

(1) 细胞的各部分并不是彼此孤立的，而是互相联系、协调一致的。

(2) 只有在软件的控制下，硬件各组成部分才能自动协调地工作，从而充分发挥硬件的作用。

动词。使配合得适当。例如：

(1) 家庭与事业并非绝对矛盾的，关键在于如何协调和安排。

(2) 该组织的主要任务是协调全球性空间项目研究，促进各国在空间科技领域的合作。

8. 上述

形容词(属性词)。意思是“上面所说的”。用在名词的前面，多用于书面语。例如：

(1) 从上述的情况中我们可以看到，语言学既是一门古老的科学，又是一门年轻的科学。

(2) 当然，大型计算机和服务器可能会与上述计算机有所不同。

(3) 如果上述实验结果最终得到证实，那么将为人类在物质认知领域带来重大突破。

9. 存储

动词。储存，把物或钱存放起来，暂时不用。常用搭配“存储……信息/数据/资料”等。例如：

(1) 固态硬盘靠在存储单元里面存放电子的方式来存储数据。

(2) 现在人们创造的电子计算机已具有逻辑判断、信息存储、高速精确计算等功能。

(3) 每天约 5 万件网上交易量、智能身份证的所有资料存储在计算机中。

练习

一、熟读下列词语

编　更新　所谓　预先　协调　上述　存储　代码　芯片　二进制　控制器

计数器　逻辑运算　指令序列　输入设备　中央处理器　冯·诺依曼体系结构

二、仿照例子分别写出包含“微、器、仪”的词语，并理解其意思

微处理器 ________________

显 示 器 ________________

扫 描 仪 ________________

三、选词填空

预先　执行　协调　传送　存储　内存

1. 请问怎么能让单片机用一个按键控制一个程序的________呢?

2. 使用这种智能手机可以将________编辑好的草稿直接复制到网站的发表栏。

3. 导航通信卫星将经过加工的信息________给飞机驾驶员,指导他们使飞机平安降落。

4. 电子机票只是将传统的纸质票转化为相应的电子数据________在计算机中。

5. 计算机________空间不足,已经没有空间拷贝这些电影了。

6. 如何________科学技术与人类社会的关系,已成为当前的一个世界性课题。

展示　逢　指令　加工　操作　核心

1. 计算机的三大________部件是中央处理器、主存储器和输入输出设备。

2. 十进制使用0,1,2,…,9共10个数字符号,它的基数是10,每计满10个数时向高位进位,即"________十进一"。

3. 所谓________,是指通过一定工序和方式将原材料、半成品转化为目标需求的过程。

4. 请将主机和电源接通,并打开电源开关,开始本次的计算机实际________考试。

5. 空间站在无人状态下飞行时能准确地接收到地面控制中心的________。

6. 导演极具想象力,用电影给我们________了一种全新的外星生活。

应用　采用　具有　具备

1. 化学可以________到实际生活的许多方面。

2. 即使游客丝毫不________任何的计算机操作知识,也可以轻松地完成自助查询。

3. 本工程由于________了先进的技术,大大节省了开支,比计划少花15万元。

4. 这种轻型飞机________安全、易于操作、价格低廉、能在草地起降等特点。

数据　数目　数值　数码

1. 原子核里质子的________决定了一个原子属于什么种类。

2. 近年来,多项调查________表明,地球上的动植物每天都在消失。

3. 利用0和1这两个________来进行数字运算的制式称为二进制,即逢二进位法。

4. 知道了物质的密度,用密度乘以它的体积,得到的________就是物质的质量。

四、将下列词语组成句子

1. “计算机之父” 公认为 冯·诺依曼 被 世界

2. 单击 程序文件 该按钮 执行 就会 设置好的

3. 传送到 卫星 把 大量 信息 地面

4. 采用 作为 计算机数值计算的 二进制 基础 我们

5. 将中央处理器 若 集成在 一个微处理器 一块芯片上 便 构成

五、用括号中的词语改写下列句子

1. 全世界都认为银河系是最美的星系。(被……公认为……)

2. 这个高速度、大容量、多媒体的信息传输网络叫作“信息高速公路”。(所谓……是指……)

3. 服务器把消息存放在接收者的电子邮箱内,并告知接收者有新邮件到来。(将……)

4. 网民从上面提到的网站上下载“电子钱包”应用程序后,便可获得归个人所有的“钱包”编号。(上述)

5. 超级计算机拥有最强的并行计算能力,主要在科学计算领域使用。(用于)

6. 宇宙飞船在轨期间主要依靠提前设计的程序自动进行控制。(预先)

六、根据课文内容填空

1. 从________年第一台电子计算机诞生以来,计算机制造技术发生了巨大变化,但无论经历怎样的________,计算机使用的仍然是________最初设计的计算机体系结构。因此他被世界________“计算机之父”。

2. 冯·诺依曼体系结构的核心思想可以概括为两方面:一是数字计算机的________采用二进制;二是计算机应该按照程序或指令的顺序________。

3. 运算器和控制器组成计算机的________。控制器的主要功能是根据存放在________中的指令序列(程序)进行工作,并由一个________控制指令的执行。

4. 程序和数据以________形式不加区别地存放在存储器中，存放位置由________确定。

5. 内存储器简称内存，又称________，设在________内，用于存放当前要用的数据和程序。外存储器简称________，它存放当前暂时不用的信息，待需要时才________主存。

6. 鼠标、键盘用于将数据或程序等信息________为计算机能接收的电信号送进计算机。________、打印机则用于将计算机的________或工作过程按用户所要求的形式表现出来，将数据或程序的处理结果________给用户。

七、根据课文内容判断对错

1. 冯·诺依曼体系结构是第一代计算机的结构，进入21世纪后基本不再使用。（　　）

2. 计算机同时采用二进制和十进制两种数制，并且可以轻松切换。（　　）

3. 根据冯·诺依曼体系结构构成的计算机具有长期记忆程序、数据、中间结果及最终运算结果的能力。（　　）

4. 控制器是计算机的大脑，也就是中央处理器。（　　）

5. 外存储器简称主存，设在计算机主机之外，如磁盘、光盘等。（　　）

6. 计算机的五大基本组成部件各自运作，相互间不存在任何关系。（　　）

八、根据课文内容回答下列问题

1. 计算机的数制为什么采用二进制？

2. 根据冯·诺依曼体系结构构成的计算机必须具有哪些基本功能？

3. 冯·诺依曼体系结构计算机必须具备的五大基本组成部件是什么？

4. 计算机的运算器是用来做什么工作的？

5. 内存储器和外存储器各用于存储什么信息？

6. 计算机的输入设备有哪些？输出设备有哪些？

九、想一想，说一说

除了冯·诺依曼之外，你还知道哪些计算机发展史上的重要科学家？请讲一讲他们的故事。

知识链接

常用计算机专业术语

CPU Fan:中央处理器的“散热器”
DVD-ROM(digital versatile disk-read only memory):只读存储多用途数字光盘
FDD(floppy disk drive):软盘驱动器
HDD(hard disk drive):硬盘驱动器
OS(operating system):操作系统
RAM(random access memory):随机存取存储器
USB(universal serial bus):通用串行总线
VGA(video graphic array):视频图形阵列
Case:机箱
Hub:集线器
Modem:调制解调器
MotherBoard:主板
Power:电源
Sound card:声卡
Speaker:扬声器
Windows:视窗操作系统

相关阅读

万维网之父——蒂姆·伯纳斯·李

蒂姆·伯纳斯·李(Tim Berners-Lee)是万维网(World Wide Web,WWW)的发明者,被称作“万维网之父”。同时,他还是万维网联盟的创始人。

1955年6月8日,蒂姆出生于英格兰伦敦西南部。他的父母都曾参与世界上第一台商业计算机曼切斯特1型的建造。1984年,蒂姆进入著名的由欧洲核子研究中心建立的粒子实验室。在这里,年轻的蒂姆接受了一项极富挑战性的工作:为了使欧洲各国的核物理学家能通过计算机网络及时沟通、传递信息进行合作研究,实验室委托他开发一个软件，以便将分布在各国各地物理实验室、研究所的最新信息、数据、图像资料分享给大家。早在牛津大学主修物理时，蒂姆就不断地思索，是否可以找到一个“点”，像人脑一样，能够透过神经传递，自主作出反应。经过艰苦的努力，他编制成功了第一个高效局部存取浏览器“查询”，并把它应用于数据共享、浏览等，取得了成功。

初战胜利大大激发了蒂姆的创造热情，小范围的计算机联网实现信息共享已不再是目标，蒂姆把目标瞄向建立一个全球范围的信息网，以彻底打破信息存取的壁垒。1989 年 3 月，蒂姆递交了一份立项建议书，建议采用超文本(hypertext) 技术把欧洲核子研究中心内部的各个实验室连接起来，在系统建成后，将可能扩展到全世界。

1989 年蒂姆成功开发出世界上第一个 Web 服务器和第一个 Web 客户机。虽然这个服务器简陋得只能说是电话号码簿，只是允许用户进入主机以查询每个研究人员的电话号码，但它实实在在是一个所见即所得的超文本浏览/编辑器。1989 年 12 月，蒂姆将他的发明正式定名为“World Wide Web”，即我们熟悉的万维网 WWW。

Web 通过一种超文本方式，把网络上不同计算机内的信息有机结合在一起，并且可以通过超文本传输协议从一台 Web 服务器转到另一台 Web 服务器上检索信息。Web 服务器能发布图文并茂的信息，甚至在软件支持的情况下还可以发布音频和视频信息。

两年后，世界上第一个万维网网站“info. cern. ch”成立，万维网正式投入运行。万维网一面世，便立即引起了极大的轰动，网站和服务器如雨后春笋般诞生。人们开始把各种信息放到互联网上，万维网所展现的发展潜力非常巨大。互联网用户的数目一直在以指数函数的速度增长，不到两个月的时间就增加了一倍。

此后，蒂姆不断根据国际网络用户的反馈修改程序设计，提出了网址的规范，重新定义了超文本传输协议和超文本标记语言，并使国际网络技术得到了更大范围的推广。

蒂姆的发明引发了全球计算机使用的革命性变革。万维网使数以亿计的人们仅凭单击鼠标就可从一个网页跳到另一个网页，共享网络资源，把互联网变成了一本全世界人民共同拥有的“大百科全书”。

在 1994 年，蒂姆还创建了非赢利性的万维网联盟，把免费万维网的构想推广到全世界，让万维网科技获得迅速的发展，深深改变了人类的生活面貌。

根据文章内容回答下列问题：

(1) 在欧洲核子研究中心的粒子实验室，蒂姆接受了一项什么样的工作？他完成得如何？

(2) 世界上第一个 Web 服务器和第一个 Web 客户机是在哪年被开发出来的？它们是什么样的？

(3) WWW 是什么的简称？这个名字是什么时候被确定的？

(4) Web 服务器是怎么样实现信息检索的？

(5) 世界上第一个万维网网站是什么？它投入运行后产生怎样的轰动效应？

(6) 为什么说蒂姆的发明把互联网变成了全世界人民的“大百科全书”？

(7) 万维网联盟是一个什么性质的联盟？

第十二课　开普勒定律与开普勒轨道参数

■ 课文

1. 开普勒定律

人造地球卫星在地球引力的作用下绕地球做周期运动。假设地球和卫星都是质量分布均匀的圆球体，并且地球引力是卫星受到的唯一外力，那么卫星在这种理想状态下的运动称为无摄运动，它遵循开普勒定律。

德国天文学家开普勒用了 20 年的时间仔细分析了第谷毕生积累的行星观测数据，在研究火星绕太阳运动的基础上，总结出关于行星运动的三个定律，后人将这三个定律称为开普勒定律。

开普勒第一定律（又称椭圆轨道定律）：所有行星绕太阳运动的轨道都是椭圆，太阳处于椭圆的一个焦点上。

开普勒第二定律（又称面积定律）：对任意一个行星来说，它与太阳的连线在相等的时间内扫过的面积相等。如图 12 - 1 所示，左侧和右侧阴影部分的扇形面积相等。

该定律指出，行星运行速度是时刻变化的，在近日点时最快，而在远日点时最慢，这

开普勒（专名）Kāipǔlè Johannes Kepler
轨道（名）guǐdào orbit
参数（名）cānshù parameter

圆球体（名）yuánqiútǐ spherosome

天文学（名）tiānwénxué astronomy
第谷（专名）Dìgǔ Tycho Brahe
毕生（名）bìshēng lifetime
行星（名）xíngxīng planet
观测（动）guāncè observe
后人（名）hòurén later generations

椭圆（名）tuǒyuán ellipse
处于（动）chǔyú be (in a certain condition)
焦点（名）jiāodiǎn focus

扫（动）sǎo to pass quickly along or over
阴影（名）yīnyǐng shadow
扇形（名）shànxíng sector

运行（动）yùnxíng move
近日点（名）jìnrìdiǎn perihelion
远日点（名）yuǎnrìdiǎn aphelion

是行星在运行过程中其动能和势能相互转化的结果。

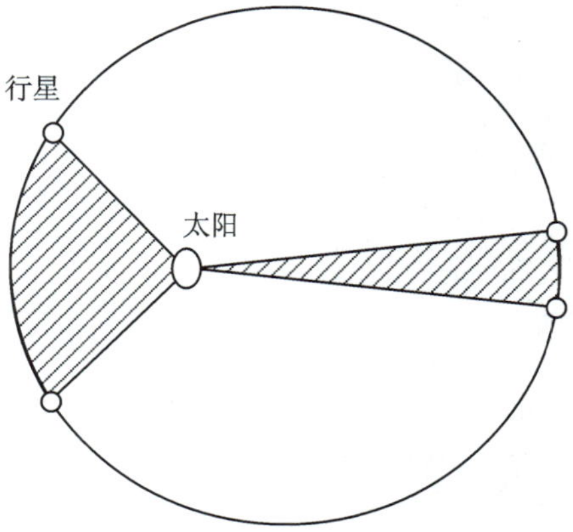

图 12－1　开普勒第二定律

开普勒第三定律（又称周期定律）：所有行星轨道的半长轴的三次方跟它的公转周期的二次方的比值都相等。

若用 a 代表椭圆轨道的半长轴，T 代表公转周期，则开普勒第三定律告诉我们

$$\frac{a^3}{T^2}=k$$

比值 k 是一个对所有行星都相同的常量。

开普勒定律揭示了行星绕太阳运行的基本规律，它为牛顿发现万有引力定律奠定了坚实的基础。

2. 开普勒轨道参数

由开普勒定律可知，卫星的无摄轨道是一个椭圆。描述椭圆的大小和形状只需要椭圆的半长轴 a 和偏心率 e 这两个参数即可。a 越大，椭圆越大。e 越接近 1，椭圆形状越扁。

满足一定半长轴和偏心率的卫星轨道有无数条，为了唯一确定卫星轨道，我们还需引入另外三个参数，即轨道倾角 i、升交点

半长轴（名）bànchángzhóu semimajor axis
公转（动）gōngzhuàn (the earth) to revolve around the sun
比值（名）bǐzhí ratio

常量（名）chángliàng constant
坚实（形）jiānshí solid

无摄轨道（名）wúshè guǐdào undisturbed orbit
描述（动）miáoshù describe
偏心率（名）piānxīnlǜ eccentricity
扁（形）biǎn flat

引入（动）yǐnrù introduce
轨道倾角（名）guǐdào qīngjiǎo orbital inclination
倾角（名）qīngjiǎo inclination
升交点赤经（名）shēngjiāodiǎn chìjīng right ascension of ascending node

赤经 Ω 和近地点幅角 ω,如图 12-2 所示。

近地点幅角(名) jìndìdiǎn fújiǎo argument of perigee
近地点(名) jìndìdiǎn perigee

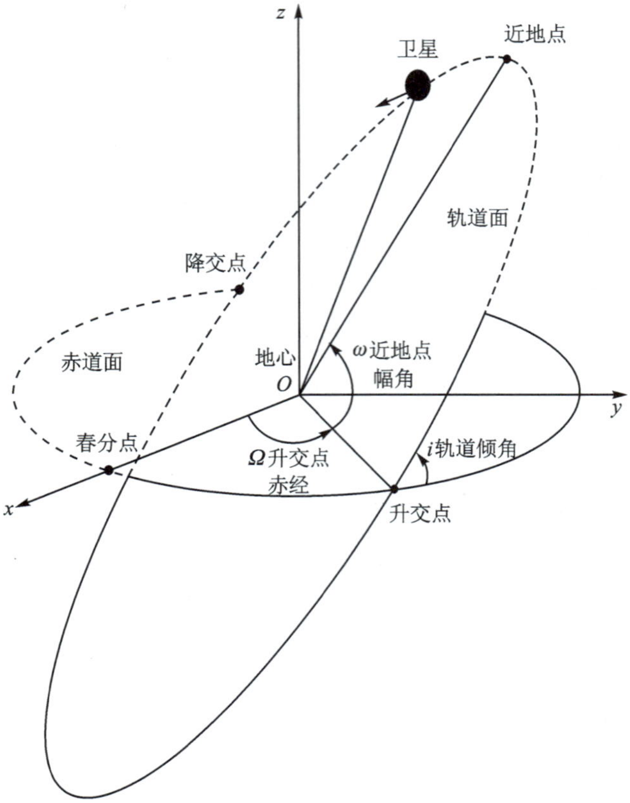

图 12-2 开普勒轨道参数

轨道倾角 i 是卫星轨道面与赤道面之间的夹角。当 $i=0°$ 时,轨道面和赤道面重合,称为赤道轨道;当 $i<90°$ 时,卫星运行方向和地球自转方向相同,称为顺行轨道;当 $i=90°$ 时,轨道面通过南北两极,称为极轨道;当 $i>90°$ 时,卫星运行方向和地球自转方向相反,称为逆行轨道。

升交点赤经 Ω 是地球赤道面内升交点与春分点之间的地心夹角。所谓升交点即卫星沿轨道由南向北运行时与赤道面的交点;反之,卫星由北向南运行时与赤道面的交点称为降交点。在地球绕太阳的公转中,从地球上看太阳的视运动,太阳由南向北穿

轨道面(名) guǐdàomiàn orbital plane
赤道面(名) chìdàomiàn equatorial plane
赤道(名) chìdào equator
重合(动) chónghé coincide
赤道轨道(名) chìdào guǐdào equatorial orbit
自转(动) zìzhuàn to revolve on its own axis
顺行轨道(名) shùnxíng guǐdào prograde orbit
顺行(动) shùnxíng prograde
极轨道(名) jíguǐdào polar orbit
逆行轨道(名) nìxíng guǐdào retrograde orbit
逆行(动) nìxíng retrograde

升交点(名) shēngjiāodiǎn ascending node
春分点(名) chūnfēndiǎn vernal equinox
春分(名) chūnfēn the Spring Equinox
降交点(名) jiàngjiāodiǎn descending node
视运动(名) shìyùndòng apparent motion

过赤道面的点称为春分点。

轨道倾角 i 和升交点赤经 Ω 共同确定了轨道面在空间的方位。

近地点幅角 ω 是在轨道面内升交点与近地点之间的地心夹角。从升交点沿卫星运行方向量度到近地点，它确定了卫星椭圆轨道在轨道面中的方位，即椭圆长轴和短轴的位置。

通过以上五个参数即可确定一条卫星轨道。若要计算卫星的瞬时位置，则需引入过近地点时刻 t_0 这一参数。过近地点时刻，顾名思义，就是卫星经过近地点的时刻，是卫星运动时间的起算点。

a、e、Ω、i、ω 和 t_0 六个参数一起用以描述卫星的运动，合称开普勒轨道参数，又称开普勒轨道要素。

方位（名）fāngwèi direction and position

量度（动）liángdù measure
长轴（名）chángzhóu major axis
短轴（名）duǎnzhóu minor axis

以上（名）yǐshàng the above
顾名思义（成）gùmíngsīyì just as its name implies

合称（动/名）héchēng to be collectively called; combined name

语言点

1. 在……基础上，总结出……

表示观察、研究的基础和结论。常用的格式还有“在……基础上，发现/提出……”“在……基础上，得出结论：……”。例如：

(1) 牛顿在大量实验的基础上总结出牛顿第一定律。

(2) 在对第谷留下的大量行星观测数据进行研究的基础上，开普勒发现行星的运行轨道不是圆形的，而是椭圆形的。

(3) 1869 年，门捷列夫在前人探索的基础上提出元素周期律，即元素的性质随着相对原子质量的递增而呈周期性的变化。

(4) 在总结前人研究电磁现象成果的基础上，麦克斯韦得出结论：光是一种电磁波。

2. ……来说

常用“对(于)……来说”“总的来说/一般来说”“就/拿……来说”“按(照)……来说”等结构来明确范围、表示方式、引入对象以及说明依据。例如:

(1) 对不同的介质来说,光的折射率是不同的。

(2) 中国的气候,总的来说,属大陆性季风气候,全国风向随着季节变化,夏季湿热,冬季干寒,气候现象复杂多变。

(3) 就成年人来说,每天体内死亡细胞的数量和新生细胞的数量大致相当,趋于平衡。

(4) 人类的传染病种类很多,按照传播途径来说,可以分为四大类:呼吸道传染病、消化道传染病、血液传染病和体表传染病。

3. ……跟/和……的比值

表示某种比例关系。例如:

(1) 圆周率是圆的周长跟直径的比值。

(2) 在变速直线运动中,运动物体的位移和所用时间的比值,叫作这段时间内的平均速度。

(3) 电流所做的功跟完成这些功所用的时间的比值叫作电功率。

4. 即可

意思是“就可以”。多用于书面语。例如:

(1) 这道题没有标准答案,只要言之有理即可。

(2) 若想了解一组数据的离散程度,只要知道方差即可。

(3) 配好一份溶液不仅要标明溶质和溶剂的名称(若是水溶液则只标明溶质名称即可),还必须注明其浓度。

5. 引入

动词。引进以前没有或不存在的东西;引导向一个方向发展。常用搭配“引入……概念/理论/观点/方法”等。例如:

(1) 我们引入瞬时角加速度的概念说明角速度随时间变化的缓急。

(2) 不同的物质在质量相等、温度升高的度数相同时,吸收的热量不同。为了表示各种物质这种性质上的差别,物理学引入了比热容这个物理量。

(3) 表演的重心在于把观众引入戏剧情境。

6. 用以……

后接动词性短语，表示“用这个来……”。多用于书面语。例如：

(1) 碘化钾淀粉试纸被用以定性地检验氧化性物质(如氯水、溴水等)的存在。

(2) 甲骨文是刻在龟甲、兽骨上的文字，用以记载简单的事物。

(3) 防火墙是一个用以阻止网络中的黑客访问某个机构网络的屏障。

7. 合称

动词。合起来叫作。还作名词。例如：

(1) 瞿塘峡、巫峡、西陵峡合称长江三峡。

(2) 在工业生产中所产生的废气、废水、废渣合称三废。

(3) 美洲是北美洲和南美洲的合称，它们以巴拿马运河为分界线。

比较：总称 & 统称 & 合称

(1) 适用“总称”的被释词与释义中心词之间存在以下关系：

整体与部分的关系。例如：

陆地及附近的岛屿总称大洲。

集合与无限个体的关系。例如：

词汇是一种语言里所使用的词的总称。

(2) 适用“统称”的被释词与释义中心词之间存在种属关系。例如：

机械能是动能和势能的统称。

(3) 适用“合称”的被释词与释义中心词之间是集合与有限元素的关系。例如：

工业上锰、铁、铬是黑色金属的合称。

练习

一、熟读下列词语

卫星　椭圆　焦点　毕生　公转　比值　坚实　赤道　重合　逆行　半长轴

偏心率　观测数据　无摄轨道　轨道倾角　近地点幅角　升交点赤经

过近地点时刻　开普勒行星运动定律

二、仿照例子分别写出包含"量、值、点"的词语,并理解其意思

常量____

比值____

焦点____

三、看图完成下列关于开普勒轨道参数的练习

1. 判断图 12-3 中卫星轨道的类型(顺行轨道、逆行轨道、极轨道、赤道轨道)。

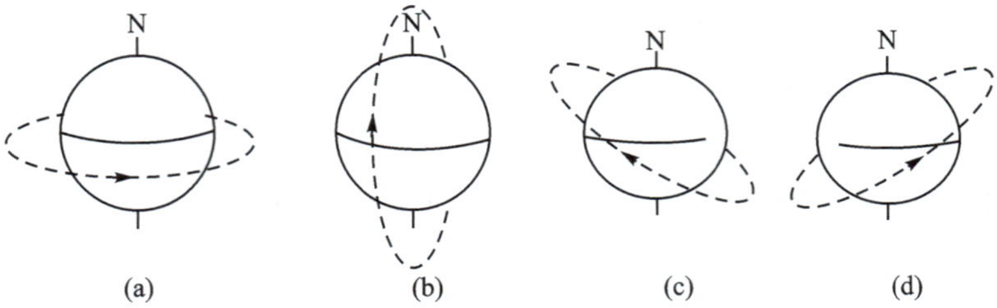

图 12-3　四种卫星轨道类型

2. 在图 12-4 中适当位置标出轨道倾角、近地点幅角、升交点赤经。

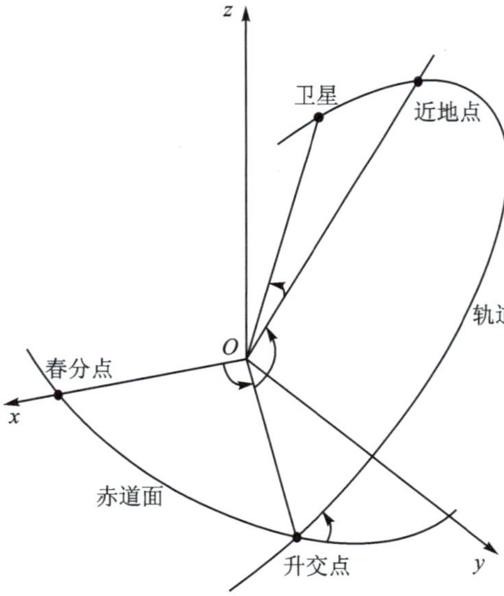

图 12-4　轨道参数示意图

四、选词填空

运行　观测　描述　重合　引入　合称

1. 等腰三角形顶角的平分线、底边上的中线和底边上的高互相________。

2. 法拉第最先在物理学中________“场”的概念。

3. 希腊天文学家托勒密认为地球是宇宙的中心，一切天体都围绕地球________。

4. 阴历正月十五为上元、七月十五为中元、十月十五为下元，________“三元”。

5. 刚体定轴转动可用函数________，此即刚体绕定轴转动的运动学方程。

6. 17 世纪初，望远镜开始被用于天文________。

毕生　坚实　处于　公转　以上　逆行

1. 考古人被称为时空隧道的________者。

2. 让所有人远离饥饿是“杂交水稻之父”袁隆平________的追求。

3. 白炽灯发光时，灯丝温度高达 2 000 ℃________，钨因其熔点为 3 410 ℃，故常被用作灯丝。

4. 在金刚石晶体里，每个碳原子都被相邻的四个碳原子包围，________四个碳原子的中心。

5. 法拉第为建立完整的电磁理论奠定了________的基础。

6. 地球在自转的同时，又绕太阳不停地自西向东________。

五、用括号中的词语改写下列句子

1. 气体或溶液的酸碱性可以用 pH 试纸定性地检验。(用以)

2. 欧冠小组赛最后一轮比赛，AC 米兰队打平对手就可以。(即可)

3. 在北半球，气压带和风带大致夏季北移、冬季南移。(就……来说)

4. 牛顿第一定律告诉我们一切物体都有惯性。(指出)

5. 通过某段导体的电流跟这段导体两端的电压成正比，跟这段导体的电阻成反比。(……跟/和……的比值)

6. 航天飞机，光听名字就知道它是兼具飞机和航天器特点的一种飞行器。(顾名思义)

7. 法国化学家拉瓦锡通过大量实验发现空气是由氧气和氮气组成的。(在……的基础上，得出结论……)

六、将下列词语组成句子

1. 重合的　两个　能够　等圆　叫作　圆

2. 描述　开普勒轨道　用以　卫星轨道　参数

3. 观测　据　南极　臭氧空洞　严重　最

4. 顾名思义　基因编辑技术　就是　基因　对　进行　直接　编辑

5. 卫星　确定　位置　哪几个　任意时刻的　由　参数

七、根据课文内容判断对错

1. 无论是无摄运动还是受摄运动都遵循开普勒定律。（　　）
2. 第谷提出了行星运动的三大定律,揭示了行星运动的奥秘。（　　）
3. 当行星绕太阳运动时,太阳在椭圆轨道的一个焦点上。（　　）
4. 根据开普勒第二定律可知,行星在近日点时速率最大。（　　）
5. 开普勒第三定律中常数 k 与行星轨道的半长轴有关。（　　）
6. 开普勒定律为万有引力定律的发现奠定了基础。（　　）

八、根据课文内容回答下列问题

1. 什么是无摄运动?
2. 开普勒第一、第二、第三定律还可以分别称作什么?
3. 开普勒轨道的形状和大小分别由什么决定?
4. 哪两个参数决定了开普勒轨道在空间的方位?
5. 椭圆轨道在轨道面内的位置取决于哪个参数?
6. 升交点和降交点是如何定义的?
7. 引入过近地点时刻的目的是什么?

九、想一想,说一说

开普勒被称为“天空立法者”。他这样撰写自己的墓志铭:“我曾测量天空,现在测量幽冥。灵魂飞向天国,肉体安息土中。”请查阅资料,说一说你怎样理解人们对开普勒的称呼以及他的墓志铭。

知识链接

轨道摄动

卫星在空间绕地球运行，除了受地球中心引力作用外，还受到地球非球形引力，太阳、月球和其他天体的引力，以及太阳光压和大气阻力等因素的影响。由于这些力相对于地球中心引力而言都是小量，因此统称为摄动力。把摄动力对轨道的影响称为轨道摄动。

(1) 地球非球形摄动：由于地球不是一个正球体，且地球内部的密度分布不均匀，地球各处对卫星的引力并不相同，由此而产生的摄动称为地球非球形摄动。

(2) 天体引力摄动：卫星在绕地球运行过程中主要受地球引力的影响。但其他天体（如太阳、月球）对卫星也存在引力影响，且随着轨道高度的增加，太阳和月球的引力对卫星运动的影响就越明显。

(3) 大气阻力摄动：卫星在地球附近的空间飞行受到大气阻力产生的摄动称为大气阻力摄动。卫星在大气阻力的作用下，轨道高度不断降低。卫星轨道高度越低，所受到的大气阻力越大。大气阻力摄动决定着卫星的轨道寿命。

(4) 太阳光压摄动：太阳光压是太阳光照射在物体上对物体产生的压力。卫星接受太阳光照射的表面积越大、轨道高度越高，太阳光压的影响就越明显。

摄动力使卫星的实际轨道偏离开普勒轨道，其偏心率、升交点赤经、轨道倾角等参数时刻变化。考虑摄动力影响的轨道称为摄动轨道。

相关阅读

火星探测与霍曼转移轨道

迄今为止，在各种深空探测中，人类对火星探测情有独钟。火星是太阳系中自然环境与地球最接近的行星，也有昼夜交替、四季变化，大气中也有氧气，且在那里已经发现了水、冰、河流与海洋的遗迹，那么火星上是否存在生命？火星是地球的过去还是未来？或许只有身临其境才能真正揭开火星的奥秘。

火星和地球之间的直线距离呈周期性变化，最近距离约为 5 500 万公里，最远距离高达 4 亿公里。因此需要提前对火星探测器的飞行路线进行规划，否则以人类现有的推进能力很难到达火星。

为节省燃料，火星探测器普遍采用霍曼转移轨道(Hohmann transfer orbit)。

1925 年，德国物理学家奥尔特・霍曼博士提出在两条倾角相同、高度相异的圆形轨道间转移卫星的最小能量方法，称之为霍曼转移，相应的轨道称为霍曼转移轨道。

若将地球和火星绕太阳飞行的椭圆形轨道近似为圆形轨道，则图 12－5 清晰地展示了从地球到火星的路线。图 12－5 中内圆为地球公转轨道，外圆为火星公转轨道，外切(circumscribe) 于地球公转轨道同时内切(inscribe) 于火星公转轨道的椭圆形轨道即为霍曼转移轨道，太阳在霍曼转移轨道的一个焦点上，近日点和远日点分别在地球公转轨道和火星公转轨道上，且霍曼转移轨道的长轴等于地球公转轨道半径和火星公转轨道半径之和。

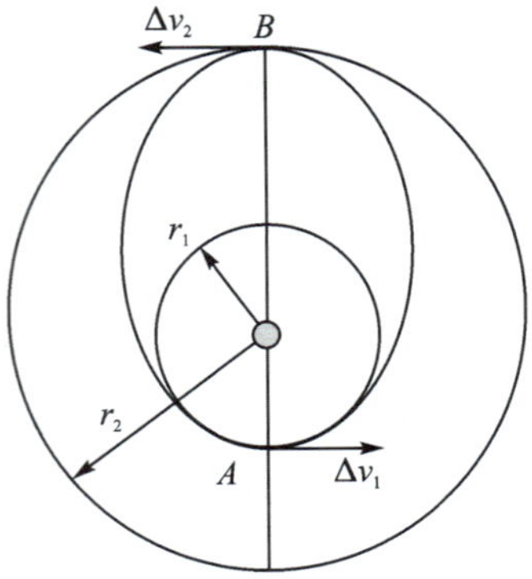

图 12－5　霍曼转移轨道

霍曼转移可以通过探测器的两次点火和一次滑行来实现。

火星探测器首先进入地球公转轨道，在 A 点发动机点火，探测器瞬间加速，从能量较低的地球公转轨道转移到椭圆形的霍曼转移轨道。随后，探测器沿着该椭圆形轨道向远日点 B 滑行(coast)，当到达远日点 B 时，再次开启发动机，探测器获得一瞬时加速度，进入能量较高的火星公转轨道。

为使探测器到达 B 点时恰与火星相遇，被火星引力捕获，探测器必须在特定的时间范围内发射，这个特定的时间范围称为发射窗口。因为地球和火星都在绕太阳运行，故两者之间的相对位置也在不断变化。当太阳、地球、火星处于同一条直线上，且火星和太阳位于地球两侧时的现象称为火星冲日，此时实施火星探测，探测器飞行的路线最短，最省燃料。火星冲日现象每隔 26 个月才出现一次，也就是说，每隔 26 个月才有一次发射窗口，若错过发射窗口，则要再等待 26 个月。

根据文章内容回答问题：

(1) 什么是霍曼转移轨道？

(2) 霍曼转移轨道有什么特点？

(3) 如何实现霍曼转移？请详细说明。

(4) 什么是发射窗口？

(5) 火星探测的发射窗口与什么现象有关？该现象多长时间出现一次？

(6) 为什么要在发射窗口内发射探测器？

附录 A　近义词辨析表

序　号	近义词	页　码
1	计算 & 运算	7
2	趋势 & 趋向	21
3	互相 & 相互	43
4	表明 & 指明	44
5	表达 & 表述	45
6	系统 & 体系	46
7	相关 & 有关	56
8	组成 & 构成	57
9	进而 & 从而	57
10	本质 & 实质	66
11	界限 & 界线	66
12	妨碍 & 阻碍	67
13	以便 & 便于	67
14	想象 & 设想	76
15	瞬间 & 瞬时	77
16	均匀 & 平均	88
17	服从 & 遵循	89
18	依次 & 先后	99
19	依据 & 根据	100
20	形成 & 生成	101
21	控制 & 调控	101
22	依靠 & 依赖	111
23	保持 & 维持	114
24	应用 & 采用	122
25	具有 & 具备	123
26	总称 & 统称 & 合称	135

附录 B　生词汇总表

A

安培	（量）	ānpéi	ampere	第六课
氨基酸	（名）	ānjīsuān	amino acid	第十课
奥秘	（名）	àomì	profound mystery	第九课

B

半长轴	（名）	bànchángzhóu	semimajor axis	第十二课
半径	（名）	bànjìng	radius	第三课
比值	（名）	bǐzhí	ratio	第十二课
必定	（副）	bìdìng	certainly	第四课
毕生	（名）	bìshēng	lifetime	第十二课
闭合	（动）	bìhé	close	第六课
编	（动）	biān	compose(program)	第十一课
扁	（形）	biǎn	flat	第十二课
变量	（名）	biànliàng	variable quantity	第二课
变压器	（名）	biànyāqì	transformer	第七课
变异	（动）	biànyì	mutate	第十课
表达式	（名）	biǎodáshì	expression	第四课
表面积	（名）	biǎomiànjī	surface area	第三课
表述	（动）	biǎoshù	to state one's views	第四课
并联	（动）	bìnglián	connect in parallel	第六课
病毒	（名）	bìngdú	virus	第十课
部件	（名）	bùjiàn	component；unit	第十一课

C

参数	（名）	cānshù	parameter	第十二课
参照	（动）	cānzhào	consult； refer to	第三课
操作	（动/名）	cāozuò	operate；operation	第十一课
侧	（名）	cè	side	第三课
侧面	（名）	cèmiàn	lateral surface	第三课
侧面积	（名）	cèmiànjī	lateral area	第三课
差	（名）	chā	difference	第一课

差值	（名）	chāzhí	difference value	第六课
长方体	（名）	chángfāngtǐ	cuboid	第三课
长轴	（名）	chángzhóu	major axis	第十二课
常量	（名）	chángliàng	constant	第十二课
常数	（名）	chángshù	constant	第二课
呈现	（动）	chéngxiàn	present	第九课
乘	（动）	chéng	multiply	第一课
乘方	（动/名）	chéngfāng	raise to the power(of);exponentiation	第一课
乘积(积)	（名）	chéngjī	product	第一课
赤道	（名）	chìdào	equator	第十二课
赤道轨道	（名）	chìdào guǐdào	equatorial orbit	第十二课
赤道面	（名）	chìdàomiàn	equatorial plane	第十二课
重合	（动）	chónghé	coincide	第十二课
除	（动）	chú	divide	第一课
除数	（名）	chúshù	divisor	第一课
除外	（动）	chúwài	except	第九课
处于	（动）	chǔyú	be(in a certain condition)	第十二课
穿	（动）	chuān	to go through	第七课
传播	（动）	chuánbō	propagate	第八课
传递	（动）	chuándì	transmit	第十一课
传送	（动）	chuánsòng	transfer;transmit	第十一课
串联	（动）	chuànlián	connect in series	第六课
垂直	（动）	chuízhí	to be perpendicular;to be	第三课
春分	（名）	chūnfēn	the Spring Equinox	第十二课
春分点	（名）	chūnfēndiǎn	vernal equinox	第十二课
纯	（形）	chún	pure	第一课
纯虚数	（名）	chún xūshù	pure imaginary number	第一课
磁	（名）	cí	magnetism	第七课
磁场	（名）	cíchǎng	magnetic field	第七课
磁力线	（名）	cílì xiàn	magnetic induction line	第七课
磁盘	（名）	cípán	disk	第十一课
磁铁	（名）	cítiě	magnet	第七课
磁通量	（名）	cítōngliàng	magnetic flux	第七课
磁效应		cíxiàoyìng	magnetic effect	第七课
磁性	（名）	cíxìng	magnetism	第七课
粗糙	（形）	cūcāo	rough	第八课
催化剂	（名）	cuīhuàjì	catalyzer	第九课
存储	（动）	cúnchǔ	store	第十一课
存储器	（名）	cúnchǔqì	storage;memorizer	第十一课

存放	(动)	cúnfàng	deposit; store	第十一课

D

打桩机	(名)	dǎzhuāngjī	pile driver	第五课
大肠杆菌	(名)	dàchánggǎnjūn	Bacillus coli	第十课
大分子	(名)	dàfēnzǐ	macromolecule	第十课
大量	(形)	dàliàng	a lot of	第五课
大致	(副)	dàzhì	roughly	第七课
代码	(名)	dàimǎ	code	第十一课
单位	(名)	dānwèi	unit	第一课
单细胞	(名)	dānxìbāo	single cell	第十课
诞生	(动)	dànshēng	to be born	第十一课
蛋白质	(名)	dànbáizhì	protein	第十课
当代	(名)	dāngdài	the present age	第五课
导	(动)	dǎo	conduct	第六课
导体	(名)	dǎotǐ	conductor	第六课
导线	(名)	dǎoxiàn	conducting wire	第六课
倒数	(名)	dàoshù	reciprocal	第一课
等式	(名)	děngshì	equality	第四课
等值	(名)	děngzhí	equivalence	第四课
底边	(名)	dǐbiān	base	第三课
底面	(名)	dǐmiàn	base; underside	第三课
递增	(动)	dìzēng	to increase progressively	第九课
电场	(名)	diànchǎng	electric field	第六课
电场力	(名)	diànchǎnglì	electric force	第六课
电磁	(名)	diàncí	electromagnetism	第七课
电磁感应		diàncí gǎnyìng	electromagnetic induction	第七课
电磁学	(名)	diàncíxué	electromagnetics	第七课
电荷	(名)	diànhè	electric charge	第六课
电荷量	(名)	diànhèliàng	electric quantity	第六课
电流	(名)	diànliú	electric current	第六课
电流表	(名)	diànliúbiǎo	galvanometer	第七课
电路	(名)	diànlù	circuit	第六课
电能	(名)	diànnéng	electric energy	第六课
电气化	(动)	diànqìhuà	electrify	第七课
电势	(名)	diànshì	electric potential	第六课
电势差	(名)	diànshìchā	electric potential difference	第六课
电信号	(名)	diànxìnhào	electrical signal	第十一课
电学	(名)	diànxué	electricity	第六课

电压	（名）	diànyā	voltage	第六课
电源	（名）	diànyuán	power source	第六课
电子	（名）	diànzǐ	electron	第六课
电子层	（名）	diànzǐcéng	electron layer	第九课
电子式	（名）	diànzǐshì	electronic formula	第九课
电阻	（名）	diànzǔ	resistance	第六课
奠定	（动）	diàndìng	to lay a foundation for	第七课
调	（动）	diào	transfer	第十一课
顶点	（名）	dǐngdiǎn	acme; vertex	第三课
定量	（动）	dìngliàng	quantify	第四课
定律	（名）	dìnglǜ	law	第四课
定向	（动）	dìngxiàng	to be in a certain direction	第六课
定性	（动）	dìngxìng	to determine the nature of	第七课
定义	（名/动）	dìngyì	definition; define	第一课
定义域	（名）	dìngyìyù	domain of definition	第二课
动力	（名）	dònglì	motive power	第五课
动能	（名）	dòngnéng	kinetic energy	第五课
端	（名）	duān	end	第六课
短路	（名）	duǎnlù	short circuit	第六课
短轴	（名）	duǎnzhóu	minor axis	第十二课
断路	（名）	duànlù	broken circuit	第六课
对称	（形）	duìchèn	symmetrical	第二课
对数	（名）	duìshù	logarithm	第二课
对应	（动）	duìyìng	correspond	第一课
多边形	（名）	duōbiānxíng	polygon	第三课

E

二进制	（名）	èrjìnzhì	binary system	第十一课

F

发电机	（名）	fādiànjī	generator	第六课
发光	（名）	fāguāng	luminescence	第八课
法线	（名）	fǎxiàn	normal	第八课
法则	（名）	fǎzé	rule	第一课
繁多	（形）	fánduō	numerous	第九课
反比例	（名）	fǎnbǐlì	inverse proportion	第二课
反弹	（动）	fǎntán	bounce	第五课
反射	（动）	fǎnshè	reflect	第八课
反射定律	（名）	fǎnshè dìnglǜ	law of reflection	第八课

反射角	（名）	fǎnshèjiǎo	angle of reflection	第八课
反射面	（名）	fǎnshèmiàn	catopter; reflector	第八课
反应物	（名）	fǎnyìngwù	reactant	第九课
反之	（连）	fǎnzhī	on the contrary	第四课
反作用力	（名）	fǎnzuòyònglì	reacting force	第四课
返回	（动）	fǎnhuí	return	第八课
方程	（名）	fāngchéng	equation	第四课
方程式	（名）	fāngchéngshì	equation	第九课
方位	（名）	fāngwèi	direction and position	第十二课
分界	（名/动）	fēnjiè	delimitation; delimit	第八课
分界面	（名）	fēnjièmiàn	interface	第八课
分居	（动）	fēnjū	to live separately	第八课
分数	（名）	fēnshù	fraction	第一课
分支	（名）	fēnzhī	branch	第二课
分子	（名）	fēnzǐ	molecule	第四课
分子力	（名）	fēnzǐlì	molecular force	第四课
丰富多彩	（成）	fēngfù-duōcǎi	rich and colorful	第九课
逢	（动）	féng	meet; come upon	第十一课
伏特	（量）	fútè	volt	第六课
服从	（动）	fúcóng	obey	第八课
辐射	（动）	fúshè	radiate	第八课
负	（形）	fù	negative	第一课
负电	（名）	fùdiàn	negative electricity	第六课
负电荷	（名）	fùdiànhè	negative charge	第六课
负极	（名）	fùjí	negative electrode	第六课
复平面	（名）	fùpíngmiàn	complex plane	第一课
复数	（名）	fùshù	complex number	第一课
副族	（名）	fùzú	subgroup	第九课

G

该	（代）	gāi	this	第二课
感应	（动）	gǎnyìng	induce	第七课
感应电流		gǎnyìng diànliú	induction current	第七课
刚体	（名）	gāngtǐ	rigid body	第四课
给定	（动）	gěidìng	preset	第九课
更新换代	（成）	gēngxīn huàndài	update	第十一课
弓	（名）	gōng	bow	第五课
公认	（动）	gōngrèn	to be generally accepted	第十一课
公式	（名）	gōngshì	formula	第三课

公转	（动）	gōngzhuàn	(the earth) to revolve around the sun	第十二课
功	（名）	gōng	work	第五课
共价键	（名）	gòngjiàjiàn	covalent bond	第九课
构成	（名/动）	gòuchéng	composition；constitute	第五课
顾名思义	（成）	gùmíng sīyì	just as its name implies	第十二课
观测	（动）	guāncè	observe	第十二课
惯性	（名）	guànxìng	inertia	第四课
光滑	（形）	guānghuá	smooth	第八课
光路	（名）	guānglù	light path	第八课
光束	（名）	guāngshù	light beam	第八课
光速	（名）	guāngsù	speed of light	第八课
光线	（名）	guāngxiàn	light；ray	第八课
光学	（名）	guāngxué	optics	第八课
光子	（名）	guāngzǐ	photon	第八课
归结	（动）	guījié	to attribute to	第七课
轨道	（名）	guǐdào	orbit	第八课
轨道面	（名）	guǐdàomiàn	orbital plane	第十二课
轨道倾角	（名）	guǐdào qīngjiǎo	orbital inclination	第十二课
国际单位制		guójì dānwèizhì	International System of Units(SI)	第六课

H

含量	（名）	hánliàng	content	第十课
函数	（名）	hánshù	function	第二课
合称	（动/名）	héchēng	combined name；to be collectively called	第十二课
合成	（动）	héchéng	synthesize	第十课
和	（名）	hé	sum	第一课
核	（名）	hé	nucleus	第八课
核苷酸	（名）	hégānsuān	nucleotide	第十课
核膜	（名）	hémó	nuclear membrane	第十课
核酸	（名）	hésuān	nucleic acid	第十课
核糖核酸	（名）	hétáng hésuān	ribonucleic acid；RNA	第十课
恒定	（动）	héngdìng	to be constant	第七课
恒定电流		héngdìng diànliú	constant current	第七课
横	（形）	héng	horizontal	第一课
横坐标	（名）	héng zuòbiāo	x coordinate	第一课
后人	（名）	hòurén	later generations	第十二课
化合物	（名）	huàhéwù	chemical compound	第十课
化学反应	（名）	huàxué fǎnyìng	chemical reaction	第九课
化学方程式	（名）	huàxué fāngchéngshì	chemical equation	第九课

化学键	(名)	huàxuéjiàn	chemical bond	第九课
化学能	(名)	huàxuénéng	chemical energy	第五课
绘图仪	(名)	huìtúyí	plotting instrument	第十一课

J

机械	(名)	jīxiè	machinery	第五课
机械能	(名)	jīxiènéng	mechanical energy	第五课
机械运动		jīxiè yùndòng	mechanical motion	第五课
基数	(名)	jīshù	cardinal number	第十一课
基态	(名)	jītài	ground state	第八课
激光	(名)	jīguāng	laser	第八课
激励	(动/名)	jīlì	excite; excitation	第八课
奇	(形)	jī	odd	第一课
及	(连)	jí	and	第二课
极轨道	(名)	jíguǐdào	polar orbit	第十二课
即	(书)	jí	i. e.	第一课
集成	(动)	jíchéng	integrate	第十一课
集合	(名)	jíhé	set	第二课
几何光学	(名)	jǐhé guāngxué	geometrical optics	第八课
几何体	(名)	jǐhétǐ	solid	第三课
计数器	(名)	jìshùqì	counter	第十一课
记载	(动)	jìzǎi	record	第七课
加	(动)	jiā	plus	第一课
加工	(动)	jiāgōng	process	第十一课
加速度	(名)	jiāsùdù	acceleration	第四课
夹角	(名)	jiājiǎo	included angle	第八课
坚持不懈	(成)	jiānchí-bùxiè	unremitting	第七课
坚实	(形)	jiānshí	solid	第十二课
减	(动)	jiǎn	minus	第一课
简称	(动/名)	jiǎnchēng	to be called for short; shortened form	第三课
碱金属	(名)	jiǎnjīnshǔ	alkali metal	第九课
箭	(名)	jiàn	arrow	第五课
箭头	(名)	jiàntóu	arrow	第八课
降交点	(名)	jiàngjiāodiǎn	descending node	第十二课
交点	(名)	jiāodiǎn	crossing point	第二课
焦点	(名)	jiāodiǎn	focus	第十二课
接收	(动)	jiēshōu	receive	第八课
揭示	(动)	jiēshì	reveal	第七课
结合水	(名)	jiéhéshuǐ	bound water	第十课

截	（动）	jié	cut	第三课
截面	（名）	jiémiàn	cross section	第三课
解析法	（名）	jiěxīfǎ	analytical method	第二课
介质	（名）	jièzhì	medium	第八课
界面	（名）	jièmiàn	interface	第八课
界限	（名）	jièxiàn	boundary;limit	第六课
借位	（动）	jièwèi	borrow	第十一课
金属	（名）	jīnshǔ	metal	第六课
金属键	（名）	jīnshǔjiàn	metallic bond	第九课
进而	（连）	jìn'ér	furthermore	第五课
进位	（动）	jìnwèi	carry(a number)	第十一课
近地点	（名）	jìndìdiǎn	perigee	第十二课
近地点幅角	（名）	jìndìdiǎn fújiǎo	argument of perigee	第十二课
近日点	（名）	jìnrìdiǎn	perihelion	第十二课
禁不住	（动）	jīnbuzhù	cannot bear	第九课
静电荷	（名）	jìngdiànhè	electrostatic charge	第七课
静止	（动）	jìngzhǐ	to be in static	第四课
镜面反射	（名）	jìngmiàn fǎnshè	direct reflection	第八课
居	（动）	jū	to be (in a certain position)	第八课
矩形	（名）	jǔxíng	rectangle	第三课
具有	（动）	jùyǒu	possess	第四课
绝对值	（名）	juéduìzhí	absolute value	第一课
绝缘体	（名）	juéyuántǐ	insulator	第六课
均	（副）	jūn	all;both	第二课
均匀	（形）	jūnyún	even	第八课

K

开辟	（动）	kāipì	to open up	第七课
开方	（动）	kāifāng	root	第一课
开口	（名）	kāikǒu	opening	第二课
考验	（动）	kǎoyàn	test	第九课
可逆	（形）	kěnì	reversible	第八课
课题	（名）	kètí	topic for study	第七课
空位	（名）	kòngwèi	vacancy	第九课
控制器	（名）	kòngzhìqì	control device	第十一课
库仑	（量）	kùlún	coulomb	第六课

L

拉力	（名）	lālì	pulling force	第四课

类似	(动)	lèisì	analogous	第一课
棱	(名)	léng	arris;edge	第三课
棱台	(名)	léngtái	frustum of a pyramid	第三课
棱柱	(名)	léngzhù	prism	第三课
棱锥	(名)	léngzhuī	pyramid	第三课
离子	(名)	lízǐ	ion	第九课
离子键	(名)	lízǐjiàn	ionic bond	第九课
力学	(名)	lìxué	mechanics	第四课
立方体	(名)	lìfāngtǐ	cube	第三课
立体	(形/名)	lìtǐ	dimensional;solid	第三课
粒子	(名)	lìzǐ	particle	第六课
连接	(动)	liánjiē	connect	第六课
联名	(动)	liánmíng	jointly signed	第十一课
量度	(动)	liángdù	measure	第十二课
列表法	(名)	lièbiǎofǎ	schedule method	第二课
流程	(名)	liúchéng	process	第十一课
流体	(名)	liútǐ	fluid body	第四课
六面体	(名)	liùmiàntǐ	hexahedron	第三课
卤素	(名)	lǔsù	halogen	第九课
路径	(名)	lùjìng	path	第六课
氯	(名)	lǜ	chlorine	第九课
氯化钠	(名)	lǜhuànà	sodium chloride	第九课

M

漫反射	(名)	mànfǎnshè	diffuse reflection	第八课
密度	(名)	mìdù	density	第八课
描	(动)	miáo	draw;trace	第二课
描述	(动)	miáoshù	describe	第十二课
摩擦	(动/名)	mócā	rub;friction	第四课
摩擦力	(名)	mócālì	frictional force	第四课
母线	(名)	mǔxiàn	generatrix	第三课

N

钠	(名)	nà	sodium	第九课
乃至	(连)	nǎizhì	and even	第十课
内存	(名)	nèicún	internal memory	第十一课
内能	(名)	nèinéng	internal energy	第五课
内燃机	(名)	nèiránjī	internal-combustion engine	第五课
内在	(形)	nèizài	inherent	第九课

能级	(名)	néngjí	energy level	第八课
能量	(名)	néngliàng	energy	第五课
能量守恒		néngliàng shǒuhéng	conservation of energy	第五课
能量守恒定律	(名)	néngliàng shǒuhéng dìnglǜ	conservation of energy law	第五课
能源	(名)	néngyuán	energy	第十课
拟核	(名)	nǐhé	nucleoid	第十课
逆向	(动)	nìxiàng	reverse	第九课
逆行	(形)	nìxíng	retrograde	第十二课
逆行轨道	(名)	nìxíng guǐdào	retrograde orbit	第十二课
浓度	(名)	nóngdù	concentration	第九课

O

欧姆定律	(名)	Ōumǔ dìnglǜ	Ohm′s law	第六课
偶	(形)	ǒu	even	第一课

P

排斥	(动)	páichì	repel	第六课
排序	(动)	páixù	sort	第九课
盘曲	(形)	pánqū	tortuous;winding	第十课
抛物线	(名)	pāowùxiàn	parabola	第二课
偏心率	(名)	piānxīnlǜ	eccentricity	第十二课
频率	(名)	pínlǜ	frequency	第八课
平面	(名)	píngmiàn	plane	第一课
平行	(动)	píngxíng	parallel	第三课
凭空	(副)	píngkōng	groundlessly	第五课
迫使	(动)	pòshǐ	force	第四课

Q

其	(代)	qí	it;its	第一课
起跳	(动)	qǐtiào	to take off	第五课
器件	(名)	qìjiàn	device	第六课
前进	(动)	qiánjìn	advance	第五课
强磁铁	(名)	qiángcítiě	strong magnet	第七课
氢	(名)	qīng	hydrogen	第九课
倾	(动)	qīng	lean	第四课
倾角	(名)	qīngjiǎo	inclination	第十二课
球体	(名)	qiútǐ	sphere	第三课
球心	(名)	qiúxīn	center of sphere	第三课
曲面	(名)	qūmiàn	curved surface	第三课

曲线	(名)	qūxiàn	curve	第二课
趋向	(动/名)	qūxiàng	tend to;tendency	第二课
取得	(动)	qǔdé	gain	第七课
缺一不可		quēyībùkě	indispensable	第四课

R

燃料	(名)	ránliào	fuel	第五课
燃气	(名)	ránqì	gas	第五课
燃烧	(动)	ránshāo	burn	第五课
绕	(动)	rào	to move or go around	第三课
热机	(名)	rèjī	heat engine	第五课
热运动		rèyùndòng	thermal motion	第五课
任意	(形/副)	rènyì	random;randomly	第一课
溶液	(名)	róngyè	solution	第六课
如此	(代)	rúcǐ	such	第九课
如下	(动)	rúxià	as follow	第十一课
入射	(名)	rùshè	incidence	第八课
入射点	(名)	rùshèdiǎn	point of incidence	第八课
入射角	(名)	rùshèjiǎo	angle of incidence	第八课
若	(连)	ruò	if	第二课

S

三角形	(名)	sānjiǎoxíng	triangle	第三课
扫	(动)	sǎo	to pass quickly along or over	第十二课
扫描	(动)	sǎomiáo	scan	第十一课
扫描仪	(名)	sǎomiáoyí	scanner	第十一课
刹车	(动)	shāchē	brake	第四课
扇形	(名)	shànxíng	sector	第十二课
商	(名)	shāng	quotient	第一课
上升	(动)	shàngshēng	to go up	第二课
上述	(形)	shàngshù	above-mentioned	第十一课
设	(动)	shè	let; to set up	第一课;第十一课
设想	(动)	shèxiǎng	assume	第七课
射	(动)	shè	shoot	第五课
射影	(名)	shèyǐng	projection	第三课
摄像头	(名)	shèxiàngtóu	camera	第十一课
升交点	(名)	shēngjiāodiǎn	ascending node	第十二课
升交点赤经	(名)	shēngjiāodiǎn chìjīng	right ascension of ascending node	第十二课
生成	(动)	shēngchéng	generage	第九课

生成物	（名）	shēngchéngwù	product	第九课
施加	（动）	shījiā	exert	第四课
石墨	（名）	shímò	graphite	第六课
实部	（名）	shíbù	real part	第一课
实数	（名）	shíshù	real number	第一课
实质	（名）	shízhì	essence	第六课
实轴	（名）	shízhóu	real axis	第一课
食盐	（名）	shíyán	salt	第六课
势能	（名）	shìnéng	potential energy	第五课
试图	（动）	shìtú	to attempt to	第七课
视运动	（名）	shìyùndòng	apparent motion	第十二课
释放	（动）	shìfàng	release	第八课
守恒	（动）	shǒuhéng	conserve	第五课
输出	（动）	shūchū	output	第十一课
输送	（动）	shūsòng	transmit	第六课
束	（量）	shù	beam	第八课
数值	（名）	shùzhí	numerical value	第十一课
数制	（名）	shùzhì	numerical system	第十一课
数轴	（名）	shùzhóu	coordinate axis	第一课
双曲线	（名）	shuāngqūxiàn	hyperbola	第二课
水解	（动）	shuǐjiě	hydrolyze	第十课
顺行	（形）	shùnxíng	prograde	第十二课
顺行轨道	（名）	shùnxíng guǐdào	prograde orbit	第十二课
瞬间	（名）	shùnjiān	instant	第七课
瞬时	（名）	shùnshí	instant	第七课
瞬时电流		shùnshí diànliú	instantaneous current	第七课
思路	（名）	sīlù	train of thought	第七课
四边形	（名）	sìbiānxíng	quadrilateral	第三课
速率	（名）	sùlǜ	rate	第九课
算术	（名）	suànshù	arithmetic	第十一课

T

肽链	（名）	tàiliàn	peptide chain	第十课
弹簧	（名）	tánhuáng	spring	第五课
弹力	（名）	tánlì	elastic force	第四课
弹性	（名）	tánxìng	elasticity	第五课
弹性势能	（名）	tánxìng shìnéng	elastic potential energy	第五课
弹性体	（名）	tánxìngtǐ	elastic body	第四课
陶瓷	（名）	táocí	ceramic	第六课

特定	(形)	tèdìng	specific;particular	第八课
特例	(名)	tèlì	particular case	第二课
特性	(名)	tèxìng	specific property	第四课
梯形	(名)	tīxíng	trapezoid	第三课
体积	(名)	tǐjī	volume	第三课
体系	(名)	tǐxì	system	第四课
天文学	(名)	tiānwénxué	astronomy	第十二课
填	(动)	tián	fill	第九课
跳板	(名)	tiàobǎn	springboard	第五课
调控	(动)	tiáokòng	to regulate and control	第九课
铁环		tiěhuán	iron hoop	第七课
通路	(名)	tōnglù	closed circuit	第六课
同一	(形)	tóngyī	same	第九课
统称	(动/名)	tǒngchēng	be called by a joint name;a general designation	第一课
透彻	(形)	tòuchè	thorough	第七课
突破	(动)	tūpò	to break through	第七课
图像	(名)	túxiàng	graph;image	第二课
图形	(名)	túxíng	diagram	第二课
推导	(动)	tuīdǎo	deduce	第四课
推力	(名)	tuīlì	thrust	第五课
脱离	(动)	tuōlí	to separate oneself from	第四课
脱氧核糖核酸	(名)	tuōyǎng-hétáng hésuān	deoxyribonucleic acid;DNA	第十课
椭圆	(名)	tuǒyuán	ellipse	第十二课

W

外存	(名)	wàicún	external memory	第十一课
外界	(名)	wàijiè	the external world	第八课
外力	(名)	wàilì	external force	第四课
外围	(形)	wàiwéi	peripheral	第十一课
弯	(形/动)	wān	bent;bend	第五课
微处理器	(名)	wēichǔlǐqì	microprocessor	第十一课
为止	(动)	wéizhǐ	to be due	第九课
围	(动)	wéi	enclose;surround	第三课
维持	(动)	wéichí	maintain	第十课
稳恒电流		wěnhéng diànliú	steady current	第七课
无机化合物	(名)	wújī huàhéwù	inorganic compound	第十课
无机盐	(名)	wújīyán	inorganic salt	第十课
无理数	(名)	wúlǐshù	irrational number	第一课
无摄轨道	(名)	wúshè guǐdào	undisturbed orbit	第十二课

无限	（形）	wúxiàn	infinite	第一课
物理量	（名）	wùlǐliàng	physical quantity	第八课
物体	（名）	wùtǐ	object	第四课

X

吸收	（动）	xīshōu	absorb	第十课
稀有	（形）	xīyǒu	rare	第九课
稀有气体	（名）	xīyǒu qìtǐ	rare gas	第九课
系列	（名）	xìliè	series	第十课
细胞	（名）	xìbāo	cell	第十课
细胞核	（名）	xìbāohé	nucleus	第十课
细胞膜	（名）	xìbāomó	cell membrane	第十课
细胞质	（名）	xìbāozhì	cytoplasm	第十课
细菌	（名）	xìjūn	bacteria	第十课
下降	（动）	xiàjiàng	to go down	第二课
下落	（动）	xiàluò	drop；fall	第五课
下压	（动）	xiàyā	to press downward	第五课
先后	（副/名）	xiānhòu	successively；order	第九课
显示器	（名）	xiǎnshìqì	display device	第十一课
显微镜	（名）	xiǎnwēijìng	microscope	第十课
限度	（名）	xiàndù	limit	第九课
线段	（名）	xiànduàn	line segment	第三课
线粒体	（名）	xiànlìtǐ	mitochondrion	第十课
线圈	（名）	xiànquān	electric coil	第七课
相互	（副/形）	xiānghù	each other；mutual	第四课
相交	（动）	xiāngjiāo	intersect	第三课
相邻	（动）	xiānglín	adjoin；to beadjacent	第三课
相应	（动）	xiāngyìng	correspond	第二课
象限	（名）	xiàngxiàn	quadrant	第二课
橡胶棒		xiàngjiāobàng	rubber rod	第六课
消耗	（动）	xiāohào	consume	第六课
消化	（动）	xiāohuà	digest	第十课
小数	（名）	xiǎoshù	decimal number	第一课
效应	（名）	xiàoyìng	effect	第七课
协调	（形/动）	xiétiáo	harmonious；coordinate	第十一课
斜	（形/动）	xié	slanting；oblique	第八课
携带	（动）	xiédài	carry；to take along	第十课
芯片	（名）	xīnpiàn	chip	第十一课
行驶	（动）	xíngshǐ	drive	第四课

行星	(名)	xíngxīng	planet	第十二课
形变	(名)	xíngbiàn	deformation	第四课
形形色色	(形)	xíngxíngsèsè	all sorts of	第九课
虚部	(名)	xūbù	imaginary part	第一课
虚数	(名)	xūshù	imaginary number	第一课
虚数单位	(名)	xūshù dānwèi	imaginary unit	第一课
虚轴	(名)	xūzhóu	imaginary axis	第一课
序列	(名)	xùliè	sequence	第十一课
序数	(名)	xùshù	ordinal number	第九课
旋转	(动)	xuánzhuǎn	rotate	第三课
旋转体	(名)	xuánzhuǎntǐ	rotating solid	第三课
选取	(动)	xuǎnqǔ	choose; select	第二课
循环	(动)	xúnhuán	circulate	第一课

Y

沿	(介)	yán	along	第八课
阳离子	(名)	yánglízǐ	cation	第九课
仰	(动)	yǎng	to face upward	第四课
要素	(名)	yàosù	essential factor	第四课
叶绿体	(名)	yèlǜtǐ	chloroplast	第十课
依次	(副)	yīcì	in proper order	第九课
依据	(名/动/介)	yījù	basis; to base on; according to	第九课
依靠	(动/名)	yīkào	to depend on; dependence	第九课
依赖	(动)	yīlài	to rely on	第十课
移动	(动)	yídòng	move	第五课
遗传	(动)	yíchuán	inherit	第十课
以便	(连)	yǐbiàn	so as to	第六课
以上	(名)	yǐshàng	the above	第十二课
意味着	(动)	yìwèizhe	mean	第四课
因变量	(名)	yīnbiànliàng	dependent variable	第二课
阴影	(名)	yīnyǐng	shadow	第十二课
引力	(名)	yǐnlì	gravitation	第四课
引入	(动)	yǐnrù	introduce	第十二课
应当	(动)	yīngdāng	should	第七课
永无止境	(成)	yǒngwúzhǐjìng	endless	第二课
用户	(名)	yònghù	user	第十一课
有关	(动/介)	yǒuguān	to relate to; about	第五课
有机化合物	(名)	yǒujī huàhéwù	organic compound	第十课
有理数	(名)	yǒulǐshù	rational number	第一课

有限	（形）	yǒuxiàn	limited	第一课
有限小数	（名）	yǒuxiàn xiǎoshù	limited decimal	第一课
有序	（形）	yǒuxù	ordered	第一课
余切	（名）	yúqiē	cotangent	第二课
余弦	（名）	yúxián	cosine	第二课
预先	（副）	yùxiān	in advance; beforehand	第十一课
元电荷	（名）	yuándiànhè	elementary charge	第六课
元素	（名）	yuánsù	element	第九课
原点	（名）	yuándiǎn	origin	第一课
原子	（名）	yuánzǐ	atom	第八课
原子核	（名）	yuánzǐhé	atomic nucleus	第八课
原子序数	（名）	yuánzǐ xùshù	atomic number	第九课
圆球体	（名）	yuánqiútǐ	spherosome	第十二课
圆台	（名）	yuántái	frustum of a cone	第三课
圆周率	（名）	yuánzhōulǜ	pi.	第一课
圆柱	（名）	yuánzhù	circular cylinder	第三课
圆锥	（名）	yuánzhuī	circular cone	第三课
远日点	（名）	yuǎnrìdiǎn	aphelion	第十二课
跃迁	（动）	yuèqiān	transit	第八课
匀速		yúnsù	uniform velocity	第四课
运算	（动）	yùnsuàn	calculate	第一课
运算器	（名）	yùnsuànqì	arithmetic device	第十一课
运行	（动）	yùnxíng	move	第十二课

Z

藻类	（名）	zǎolèi	algae	第十课
则	（连）	zé	while	第六课
展示	（动）	zhǎnshì	display	第十一课
折叠	（动）	zhédié	fold	第十课
折射	（动）	zhéshè	refract	第八课
折射定律	（名）	zhéshè dìnglǜ	law of refraction	第八课
折射角	（名）	zhéshèjiǎo	angle of refraction	第八课
折射率	（名）	zhéshèlǜ	refractive index	第八课
真空	（名）	zhēnkōng	vacuum	第八课
整数	（名）	zhěngshù	integer	第一课
正	（形）	zhèng	positive	第一课
正比例	（名）	zhèngbǐlì	direct proportion	第二课
正电	（名）	zhèngdiàn	positive electricity	第六课
正电荷	（名）	zhèngdiànhè	positive charge	第六课

正多边形	（名）	zhèngduōbiānxíng	regular polygon	第三课
正方体	（名）	zhèngfāngtǐ	cube	第三课
正极	（名）	zhèngjí	positive electrode	第六课
正六面体	（名）	zhèngliùmiàntǐ	regular hexahedron	第三课
正切	（名）	zhèngqiē	tangent	第二课
正弦	（名）	zhèngxián	sine	第二课
证实	（动）	zhèngshí	confirm	第七课
支配	（动）	zhīpèi	govern	第四课
脂质	（名）	zhīzhì	lipid	第十课
执行	（动）	zhíxíng	execute	第十一课
直观	（形）	zhíguān	visual	第一课
直角	（名）	zhíjiǎo	right angle	第一课
直径	（名）	zhíjìng	diameter	第三课
直流	（名）	zhíliú	direct current	第七课
直线	（名）	zhíxiàn	straight line	第二课
直线传播		zhíxiàn chuánbō	rectilinear propagation	第八课
直线运动		zhíxiàn yùndòng	rectilinear motion	第四课
值	（名）	zhí	value	第一课
值域	（名）	zhíyù	range	第二课
指令	（名）	zhǐlìng	instruction	第十一课
指明	（动）	zhǐmíng	to point out	第四课
指数	（名）	zhǐshù	exponent	第二课
制	（动）	zhì	make	第九课
质点	（名）	zhìdiǎn	mass point	第四课
质量	（名）	zhìliàng	mass	第四课
质子	（名）	zhìzǐ	proton	第九课
中性	（形/名）	zhōngxìng	neutral;neutrality	第六课
中央处理器	（名）	zhōngyāng chǔlǐqì	central processing unit	第十一课
众所周知	（成）	zhòngsuǒzhōuzhī	as everyone knows	第八课
重锤	（名）	zhòngchuí	heavy hammer	第五课
重力	（名）	zhònglì	gravity	第四课
重力势能	（名）	zhònglì shìnéng	gravity potential energy	第五课
周期	（名）	zhōuqī	period	第九课
轴	（名）	zhóu	axis	第一课
主存	（名）	zhǔcún	main memory	第十一课
主机	（名）	zhǔjī	host computer	第十一课
主族	（名）	zhǔzú	main group	第九课
贮存	（动）	zhùcún	to keep in storage	第十课
柱体	（名）	zhùtǐ	cylinder	第三课

转化	（动）	zhuǎnhuà	convert	第五课
转移	（动）	zhuǎnyí	transfer	第五课
装置	（名）	zhuāngzhì	installation	第六课
锥体	（名）	zhuītǐ	cone;pyramis	第三课
自变量	（名）	zìbiànliàng	independent variable	第二课
自发	（形）	zìfā	spontaneous	第八课
自由水	（名）	zìyóushuǐ	free water	第十课
自转	（动）	zìzhuàn	to revolve on its own axis	第十二课
纵	（形）	zòng	longitudinal	第一课
纵坐标	（名）	zòng zuòbiāo	y coordinate	第一课
总称	（名/动）	zǒngchēng	general name;to be generally called	第九课
总量	（名）	zǒngliàng	total	第五课
走向	（名）	zǒuxiàng	trend	第十一课
阻碍	（动/名）	zǔ'ài	block;barrier	第六课
阻力	（名）	zǔlì	resistance	第四课
遵循	（动）	zūnxún	to abide by	第八课
作用点	（名）	zuòyòngdiǎn	application point	第四课
作用力	（名）	zuòyònglì	acting force	第四课
坐标	（名）	zuòbiāo	coordinate	第一课
坐标系	（名）	zuòbiāoxì	coordinate system	第一课
做功	（动）	zuògōng	to do work	第五课

专名

奥斯特	（专名）	Àosītè	Hans Christian Oersted	第七课
第谷	（专名）	Dìgǔ	Tycho Brahe	第十二课
法拉第	（专名）	Fǎlādì	Michael Faraday	第七课
开普勒	（专名）	Kāipǔlè	Johannes Kepler	第十二课
楞次	（专名）	Léngcì	Heinrich Friedrich Emil Lenz	第七课
麦克斯韦	（专名）	Màikèsīwéi	James Clerk Maxwell	第七课
门捷列夫	（专名）	Ménjiélièfū	Dmitri Ivanovich Mendeleev	第九课
牛顿	（专名）	Niúdùn	Isaac Newton	第四课
纽曼	（专名）	Niǔmàn	F. E. Neumann	第七课
斯涅耳	（专名）	Sīniè'ěr	Willebrord van Royen Snel	第八课
约翰·冯·诺依曼	（专名）	Yuēhàn féng Nuòyīmàn	John von Neumann	第十一课

参考答案

第一课

练习

一、熟读下列词语

略

二、正确读出下列数字和形式

略

三、仿照例子分别写出包含“率、轴”的词语，并理解其意思

百分率　出生率　生产率　效率　频率　速率

“率”表示两个相关的数在一定条件下的比值。

实轴　虚轴　坐标轴　*X* 轴　*Y* 轴

“轴”表示把平面或立体分成对称部分的直线。

四、将下列反义词用线连起来

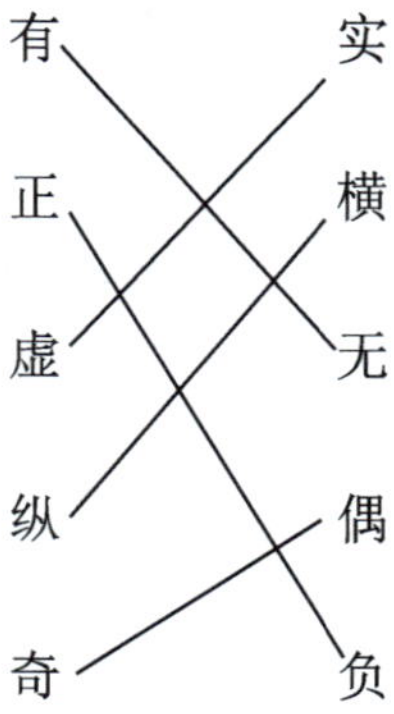

五、选词填空

1. 有限　2. 对应　3. 统称　4. 类似　5. 仅　6. 循环　7. 即

1. 任意　2. 为　3. 称　4. 设　5. 所　6. 法则　7. 任何

六、填空

1. 奇　偶
2. 负　正
3. 倒　相反
4. 0　1
5. $2\frac{5}{6}$　$2\frac{5}{6}$　$2\frac{5}{6}$　$14\frac{1}{2}$
6. $|x-y|-3$
7. 10 000
8. 乘方
9. 开平方　平方根　开立方　立方根
10. 和　减法　乘法　商
11. 复数　单位

七、将下列叙述用数学表达式表示出来

1. $\frac{x}{4}\geqslant 0$　2. $|-0.8|$　3. $0<x\leqslant 10$　4. $2\leqslant x\leqslant 7$　5. $\left(\frac{x}{2}-y\right)^2$

6. x^2+y^2+5xy　7. $-5<3x-\frac{30}{100}x<10$　8. $\left(-3\frac{3}{8}-7.3\right)\div 0.16+\sqrt{2}\times 5$

9. $4(3+x)=-(2x-7)$　10. $x^{\frac{2}{3}}+\sqrt[5]{a^2}$

八、将下列词语组成句子

1. π 是一个无限不循环小数。
2. 我们把正数定义为大于零的数。
3. 我们把形如$\sqrt{a}$（$a\geqslant 0$）的式子叫作二次根式。
4. 这四个概念之间的关系如图 1－1 所示。
5. 我们要利用所学的知识解决实际生活中的问题。

九、用括号中的词语改写下列句子

1. 如果候选人的支持率没有达到25%,则要举行第二次选举。
2. "运动"这一术语,在数学、物理学、哲学、社会学、体育学中各有其不同的含义。
3. 中国古代称直角三角形的两条直角边为勾和股。
4. 每一个实数都对应数轴上的一个点。
5. 在任何条件下,当两个数相加或相乘时,任意交换两数的位置,其结果不变。
6. 根据中国足协要求,冬训期间海南足球基地将进行封闭管理,非球队人员不得入内。

十、根据课文内容回答下列问题

1. 有理数与无理数合在一起统称为实数。
2. 无限循环小数。
3. 不是有理数。
4. 是无理数。因为它是无限不循环小数。
5. 加、减、乘、除、乘方、开方等。
6. 表示复数的平面叫作复平面。
7. 复平面的实轴上的点都表示实数;除原点外,虚轴上的点都表示纯虚数。

十一、想一想,说一说

略

相关阅读

(1) 略
(2) 法国数学家笛卡儿。
(3) 正弦 sin、余弦 cos、正切 tan、余切 cot、正割 sec、余割 csc。
(4) 对数符号。
(5) 函数符号。
(6) 略

第二课

练习

一、熟读下列词语

略

二、仿照例子分别写出包含“域、法”的词语，并理解其意思

值域　海域　音域　领域

“域”泛指某种范围或者指一定的疆界内。

图像法　列表法　加减法　心算法

“法”表示方法、方式。

三、画　图

1. 一次函数 $y=-2x+5$ 的图像如图 1 所示：

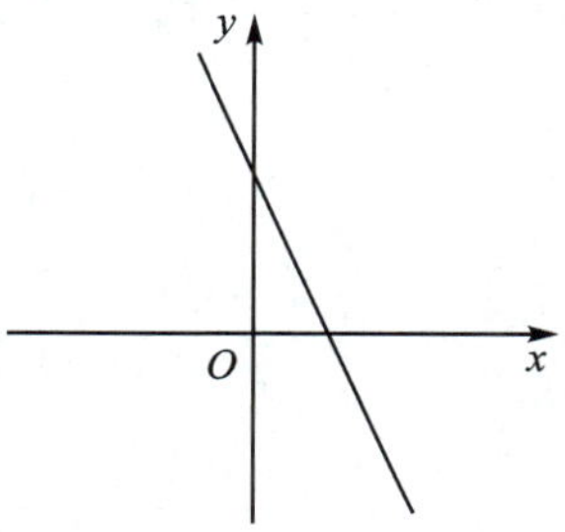

图 1　$y=-2x+5$ 的图像

2. 反比例函数 $y=\frac{8}{x}$ 的图像如图 2 所示：

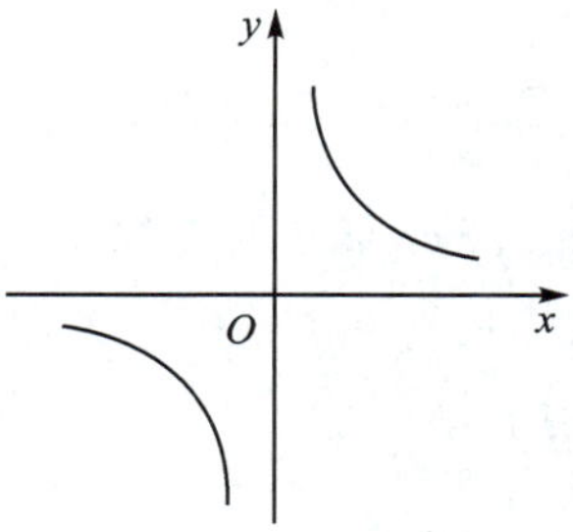

图 2　$y=\frac{8}{x}$ 的图像

四、选词填空

1. 将　2. 该　3. 均　4. 之　5. 其

1. 相应　2. 对称　3. 描　4. 选取　5. 满足

1. 分支　2. 集合　3. 下降　4. 趋向　5. 特例

五、将下列词语组成句子

1. 我们将自变量 x 取值的集合称为函数的定义域。
2. 气体的体积随温度升高而变大。
3. 新企业的出现是为了满足特定的市场需求。

4. 反比例函数的图像无限趋向于坐标轴。

5. 圆周率就是圆的周长和其直径之比。

六、用括号中的词语改写下列句子

1. 由乘法交换律的定义,我们可得(25×17)×4=17×(25×4)。

2. 目前这三支足球队的小组赛成绩均为四胜二负。

3. “地”与“天”对应,是指人类居住的场所。

4. 空气污染的问题也会随着汽车数量的增加而变得越来越严重。

5. 大部分飞机的机翼与机身是固定不动的,我们将这类飞机称为定翼机。

6. 若这个算式中前三项之积为1,则该算式的最终结果也是1。

七、根据课文内容判断对错

1. √ 2. × 3. × 4. × 5. √ 6. ×

八、根据课文内容填空

1. 自变量 函数

2. 定义域 值域

3. $y=kx$(k是常数,且$k\neq0$) $y=kx+b$(k、b是常数,且$k\neq0$) $y=ax^2+bx+c$($a\neq0$,a、b、c为常数) $y=\frac{k}{x}$(k是常数,且$k\neq0$)

4. 直线 永无止境的抛物线 经过原点的直线

5. 向上 向下 大小 越小 越大

6. 双曲线 第一、三象限 增大

九、根据课文内容回答下列问题

1. 几种常见函数有一次函数、二次函数、正比例函数、反比例函数、三角函数(正弦函数、余弦函数、正切函数、余切函数)、对数函数、指数函数等。

2. 表示函数关系的方法通常有解析法、列表法、图像法三种。

3. 一次函数$y=kx+b$中的k和b是常数,且k不等于0。

4. 正比例函数是一次函数的特例,性质也与一次函数相同。

5. 反比例函数图像的每一条曲线只能无限趋向于坐标轴,而与两坐标轴没有交点。

十、想一想,说一说

略

相关阅读

(1) 我们可以从以下四个方面来了解一个函数：是有界还是无界、有没有单调性、有没有周期性、有没有奇偶性。

(2) x 变大时，$f(x)$不会变小，是单调递增函数。

(3) 如果知道一个函数的周期性，那么只要研究它一个周期的性质就够了。

(4) 对 $f(x)=\sin x$ 进行分析：

① $f(x)=\sin x$ 有界。上界是 1，下界是 −1。

② $f(x)=\sin x$ 是周期函数，周期是 2π。

③ $f(x)=\sin x$ 在 $\left[-\frac{\pi}{2},\frac{\pi}{2}\right]$ 上是单调递增函数，在 $\left[\frac{\pi}{2},\frac{3\pi}{2}\right]$ 上是单调递减函数。

④ $f(x)=\sin x$ 是奇函数。

(5) 一次函数 $ax+b$ 当 $a>0$ 时递增，当 $a<0$ 时递减。

第三课

练习

一、熟读下列词语

略

二、仿照例子分别写出包含“形、体、面”的词语，并理解其意思

长方形　正方形　圆形　三角形　平行四边形

“形”表示形状。

圆锥体　圆柱体　球体　六面体　固体

“体”表示物体。

表面　底面　侧面　剖面

“面”在几何学上指一条线移动所构成的图形。

三、将图 3－3 补充完整

立体图形分类如图 3 所示。

- 立体图形
  - 柱体
    - 圆柱
    - 棱柱
  - 锥体
    - 圆锥
    - 棱锥
  - 台体
    - 圆台
    - 棱台
  - 球体

图 3　立体图形分类

四、选词填空

1. 相交　2. 简称　3. 相邻　4. 绕　5. 参照　6. 围　7. 截

1. 体积　2. 表面积　3. 公式　4. 射影　5. 旋转　6. 垂直

五、将下列词语组成句子

1. 我们可以参照下面的格式完成实验报告。
2. 直角三角形绕着一条直角边旋转一周形成了圆锥。
3. 用平行于底面的平面截这个棱锥。
4. 以点 O 为端点作一条射线 OA。
5. 正棱锥的顶点在底面内的射影是底面的中心。

六、用括号中的词语改写下列句子

1. 在一个直角三角形 ABC 中，直角边 AB 垂直于另一条直角边 BC。
2. 多边形的相邻两条边所组成的角叫作多边形的内角，简称多边形的角。
3. 设 p、q 为两个质数，则关于 x 的方程 $x^2+px+q^4=0$ 的整数解仅有一组：-1 和 -16。
4. 有这样一个命题：若 $ab=0$，且 a 不等于 0，则 b 一定为 0。
5. 以直角梯形的一条直角边为轴，绕这条直线旋转一周，形成的几何体叫作圆台。
6. 设三角形的三边长为 a、b、c，并且满足 $a^2+b^2=c^2$ 的条件，故可推知此三角形是直角三角形。

七、立体图形填空

1. 长方形　矩形　长　宽　高　$S=2ab+2bc+2ca=2(ab+bc+ca)$
2. 圆台　底边　旋转轴　下底面　平行
3. 五边形　三角形　正五边形　射影　正棱锥(正五棱锥)
4. 简称　直径　球心　线段

八、根据课文内容判断对错

1. ×　2. ×　3. √　4. ×　5. √　6. √

九、想一想,说一说

略

相关阅读

(1) 例如:无毒蛇头部一般呈圆锥状;蚯蚓体呈圆柱状;麻雀的外形像一个圆球连在一个椭圆球上,再接上一个扇形(尾巴);西瓜、葡萄的外形像球体等。

(2) 圆柱面上不在一条母线上、也不在垂直于母线的圆上的两点 A、B 之间的连线,以通过 A、B 的螺旋线最短。

(3) 蜂巢是正六边形柱体,其上底由三个全等的菱形组成。

(4) 蜂房不仅结构合理、有对称性,而且最省材料。蜂房上有许多蜂巢,蜂巢是正六边形柱体,其上底由三个全等的菱形组成。经过实际计算测量,每个蜂房的体积几乎都是 $0.25\ cm^3$,蜂巢顶部菱形互补的两角分别是 $109°28'$ 和 $70°32'$,用这样的角度来建造蜂房,在相同的容积下是最节省材料的。

(5) 足球是截角正二十面体,它有 60 个顶点和 90 个棱角。

(6) 因为网格球顶是把正二十面体的正三角形面分成多个相同的正三角形,然后将这些相同的正三角形内接于球体内,最后将各顶点投射于球面而形成的。而在表面积相同的立体图形中,球的体积最大。所以网格球顶较其他形状的建筑物使用材料少、拥有空间大。

第四课

练习

一、熟读下列词语

略

二、仿照例子分别写出包含“力、律、学”的词语，并理解其意思

弹力　摩擦力　分子力　拉力　压力　引力　阻力

“力”表示物体之间的相互作用。

法律　规律　纪律

“律”表示规则。

数学　物理学　化学　文学

“学”表示学科。

三、将下列反义词用线连起来

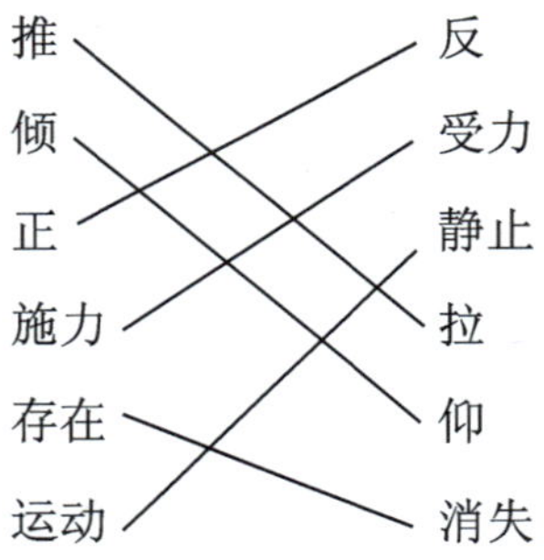

四、选词填空

1. 要素　2. 匀速　3. 体系　4. 刚体　5. 形变　6. 特性

1. 表明　2. 倾　3. 表述　4. 仰　5. 推导　6. 指明

1. 必定　2. 支配　3. 脱离　4. 相互　5. 施加　6. 迫使

五、将下列词语组成句子

1. 力不能脱离物体而单独存在。

2. 两个物体相互接触必定有弹力作用。

3. 按照用途可以把塑料分为通用塑料和工程塑料。

4. 定量研究是对事物进行数量分析。

5. 物体所具有的保持其原有运动状态不变的特性叫作惯性。

六、用括号中的词语改写下列句子

1. 当一种物质存在于另一种物质内部时，后者就是前者的介质。

2. 单摆的振动周期跟单摆的摆长成正比，跟单摆所受的重力加速度成反比。

3. 劳动生产率的提高，意味着一定数量的劳动力在单位时间内能生产更多的产品。

4. 声音的高低主要是由声波的振动频率决定的。声波的振动频率愈高，听到的声音就愈高；反之，听到的声音就愈低。

5. 想象一列 90 米长的火车在以光速的 60% 的速度行驶，对立在站台上望着它驶过的人而言，那列火车看上去会只有 70 余米长，车上的一切都会同样缩小。

6. 热力学从能量观点出发，分析研究在物质热运动状态变化过程中有关热功转化的关系和条件。

七、根据课文内容填空

1. 相互

2. 大小　作用点　三要素

3. 匀速直线运动　迫使

4. 成正比　质量　相同

5. 运动状态　惯性　越小

6. 相等　相反　直线

八、根据课文内容回答下列问题

1. 在发生力的作用时，至少要有两个物体，施加这种作用的物体叫施力物体，受到这种作用的物体叫受力物体。

2. 根据力的性质可以分为重力、弹力、摩擦力、分子力等；根据力的作用效果可以分为拉力、压力、引力、阻力等。

3. 物体所具有的保持其原有运动状态不变的特性叫作惯性。

4. 物体加速度的大小跟它受到的作用力成正比，跟它的质量成反比，加速度的方向跟作用力的方向相同。

5. 对于每一个作用力，必定有一等值反向的反作用力；作用力和反作用力总是成对出现的，它们同时存在、同时消失；作用力和反作用力分别作用于不同的物体上，且属于同一性质的力。

6. 牛顿运动定律一般是对质点而言的。

九、想一想,说一说

略

相关阅读

(1) 如果以一定速度向后抛出一定质量,就会受到一个反作用力的推动,向前加速。火箭飞行就是利用了物体的反作用力。

(2) 火箭发动机喷出气体的速度、携带燃料质量与自身质量的比例。

(3) 因为单级火箭达不到第一宇宙速度。把多级火箭串在一起,在一级火箭的燃料用完后,就将其壳体抛掉,这样火箭就越飞越轻,速度也越来越快,再加上离地球越来越远,地心引力和空气阻力等都随之减小,火箭便可以获得第一宇宙速度。

(4) 火箭有三大系统:结构系统、动力系统、控制系统。结构系统保护内部各组织;动力系统由燃料部分和发动机部分组成,为火箭飞行提供动力;控制系统指挥火箭的飞行。

第五课

练习

一、熟读下列词语

略

二、仿照例子分别写出包含"能、反"的词语,并理解其意思

内能　动能　势能　风能　电能　核能　热能

"能"表示能量。

反击　反光　反攻　反问　反扑　反馈　反观

"反"表示回、还。

三、选词填空

1. 弹性　2. 总量　3. 弹簧　4. 相关　5. 下落　6. 反弹　7. 有关

1. 进而　2. 燃烧　3. 动力　4. 机械　5. 从而　6. 守恒　7. 推力

1. 凭空　2. 做功　3. 移动　4. 构成　5. 转移　6. 组成　7. 转化

四、将下列词语组成句子

1. 物体由于运动而具有的能量叫动能。
2. 汽车的动力机械就是内燃机。/ 内燃机就是汽车的动力机械。
3. 物体能够对外做功就表明它具有能量。
4. 篮球撞到篮板上会被反弹回来。
5. 飞机能飞起来靠的是空气动力。

五、用“由于……而……”改写下列句子

1. 这种病是由于化学性、物理性等原因而使骨髓失去造血功能。
2. 一种化合物由于化学反应而分成两种或多种较简单的化合物或单质。
3. 在相对论里，引力被描述为由于时空弯曲而造成的几何效应。

六、根据课文内容填空

1. 动能　弹性势能　重力势能
2. 势能　降低　速度　势能　动能　转化
3. 弹性形变　弹性势能　反弹　上升　重力势能　机械能
4. 化学能　内能　燃烧　做功

七、根据课文内容回答下列问题

1. 作用在物体上的力的大小和物体在力的方向上移动的距离的远近。

2. 物体由于运动而具有的能量叫动能。动能的大小与物体质量的大小和物体运动速度的快慢有关。

3. 物体由于受到重力并处在一定高度时所具有的能量叫重力势能。影响重力势能的因素有两个：一个是物体质量的大小，一个是物体位置的高低。

4. 物体由于发生弹性形变而具有的能量叫弹性势能。它的大小与物体弹性形变的大小有关。

5. 势能和动能能相互转化。比如打桩机打桩时，被高举的重锤在下落过程中势能和动能之间的相互转化。

6. 分子动能和势能的总和叫作物体的内能。

7. 能量既不会凭空消失，也不会凭空产生，它只会从一种形式转化为其他形式，或者从一个物体转移到其他物体，而在转化和转移的过程中，能量的总量保持不变。

八、想一想,说一说

略

相关阅读

(1) 质能方程为 $E=mc^2$,其中 E 表示能量,m 表示质量,c 表示真空中的光速。提出依据:相对性原理和光速不变原理。

(2) 不一样。物体总质量包括静止质量和运动所带来的质量。

(3) 物体的静止能量是它的总内能,包括分子运动的动能、分子间相互作用的势能、使原子与原子结合在一起的化学能、原子内使原子核和电子结合在一起的电磁能以及原子核内质子、中子的结合能……

(4) 物体的静止能量揭示了静止粒子内部仍然存在着运动。一定质量的粒子具有一定的内部运动能量;反过来,带有一定内部运动能量的粒子就表现出有一定的惯性质量。在基本粒子转化过程中,有可能把粒子内部蕴藏着的全部静止能量释放出来,变为可以利用的动能。

(5) 在相对论力学中,质量和能量只不过是物体力学性质的两个不同方面而已,它们是不可分割而联系着的。一方面,任何物质系统既可用质量 m 来标志它的数量,也可用能量 E 来标志它的数量;另一方面,当一个系统的能量减少时,其质量也相应减少,当另一个系统接受而增加了能量时,其质量也相应增加。

第六课

练习

一、熟读下列词语

略

二、仿照例子分别写出包含"子、电、导"的词语,并理解其意思

原子　分子　电子　质子　中子　光子

"子"表示构成物体的非常小的物质。

电子　电流　电压　电阻　电波　电动　电感　电路　电源

"电"表示有电荷存在和电荷变化的现象。

导热　导体　导线

“导”表示传导。

三、将“元件、部件、零件、器件”填入对应解释后的括号中

1. 部件　2. 零件　3. 元件　4. 器件

四、选词填空

1. 本质　2. 持续　3. 妨碍　4. 实质　5. 连续　6. 阻碍

1. 界限　2. 途径　3. 设备　4. 界线　5. 装置　6. 路径

1. 连接　2. 摩擦　3. 闭合　4. 短路　5. 中性　6. 断路

五、将下列词语组成句子

1. 导体中电荷定向移动就形成了电流。
2. 被丝绸摩擦过的玻璃带正电荷。
3. 健康的成年人每天要消耗 8 372～12 558 千焦热量。
4. 同种电荷之间有相互排斥的作用。
5. 人体所吸收的各种营养物质通过血液输送到全身。

六、用括号中的词语改写下列句子

1. 人的行为有自觉性，动物的行为则直接受其本能所支配。
2. 海洋受太阳的照射，海面上的水温比深层水温高，两者之间存在温度差，可以用来发电。
3. 大自然的色彩，可以对人的精神起很好的调节作用。
4. 科学家们将试验测量失重条件下土壤的物理性质，以便为将来进行星际探索的宇宙飞船建造温室。
5. 视窗操作系统最大的优点是简单易学，便于不懂计算机的人上机操作。

七、根据课文内容填空

1. 转移
2. 排斥　吸引
3. 界限　相互转化
4. 导体两端的电压 U　成反比　表示成
5. 阻碍作用　欧姆　欧　Ω
6. 电源　用电器　开关　路径

7. 导线　输送电能　持续电流　提供电能　器件　消耗　控制电路的通、断
8. 切断　正负极　短路
9. 串联电路　并联电路

八、根据课文内容判断对错

1. ×　2. √　3. √　4. ×　5. ×　6. ×　7. ×　8. √

九、想一想,说一说

略

相关阅读

(1) 集成电路是一种微型电子器件或部件。它采用一定的工艺,把一个电路中所需的晶体管、电阻器、电容器和电感器等元器件及布线互连在一起,制作在一小块或几小块半导体晶片或介质基片上,然后封装在一个管壳内,成为具有所需电路功能的微型结构。

(2) 集成电路打破了传统的电路设计概念,其中所有元器件在结构上已组成一个整体,整个电路的体积大大缩小,使电子元器件向着微小型化、低功耗、智能化和高可靠性方面迈进了一大步。

(3) 根据制造工艺的不同,目前集成电路主要有半导体集成电路、薄膜集成电路、厚膜集成电路和混合集成电路等几类。根据性能和用途的不同,集成电路又可分为数字集成电路、模拟集成电路等。

(4) 半导体集成电路是目前生产和应用最多的一种集成电路,它是电子产品的核心器件,其产业技术的发展情况直接关系着电子工业的发展水平。半导体产业的技术进步,推动了新兴产业(包括光伏产业、半导体照明产业以及平板显示产业等)的发展,促进了其上下游产业供应链的完善,并在一定程度上优化了生态环境。

第七课

练习

一、熟读下列词语

略

二、仿照例子分别写出包含“效应、磁、恒”的词语，并理解其意思

光电效应　热效应　化学效应　温室效应

“效应”表示物理或化学的作用所产生的效果。

磁场　磁化　磁极　磁铁　磁力　磁能　磁力线　磁通量

“磁”表示某些物质能吸引铁、镍等金属的性能。

恒量　恒湿　恒温　恒星

“恒”表示永久、持久的意思。

三、选择适当的介词填入下列句子中

1. 由　2. 根据　3. 对　4. 为　5. 按照　6. 把(将)　7. 以　将(把)

四、选词填空

1. 证实　2. 思路　3. 总结　4. 课题　5. 揭示　6. 记载

1. 定量　2. 形象　3. 恒定　4. 大致　5. 定性　6. 透彻

1. 突破　2. 设想　3. 感应　4. 开辟　5. 奠定　6. 转变

五、将下列词语组成句子

1. 法拉第对这一课题进行了系统的实验研究。
2. 1845 年纽曼以定律的形式提出电磁感应的定量规律。
3. 他们试图揭示这一复杂疾病的发病原因。
4. 目前我国通信网络传输全部实现了数字化。
5. 节能资源的开发利用取得了显著的经济效益。

六、用括号中的词语改写下列句子

1. 因为计算机软件是一种逻辑实体，而不是物理实体，因而具有抽象性。
2. 现在火车以 180 公里/小时的速度行驶。
3. 糖是人体能量的主要来源，人体所需的能量大约有 70%由糖提供。
4. 公司把成功经验归结为 12 个字：多种经营，广拓市场，敢于冒险。
5. 亚当·斯密把自由市场机制概括为一个著名比喻“看不见的手”。

七、根据课文内容填空

1. 磁效应　磁与电存在着联系
2. 具有磁性　带电　感应出电流

3. 绕　直流电源　电流表　接通或断开　瞬时电流
4. 磁场　由线圈 A 的磁场产生
5. 通电或断电　感应电流　变化的磁场
6. 磁力线
7. 穿过线圈的磁通量发生变化
8. 变化着　磁场　稳恒电流　磁铁　运动的导体

八、根据课文内容回答下列问题

1. 既然磁铁可以使靠近它的铁块具有磁性,静电荷可以使靠近它的导体带电,那么电流也应当使靠近它的线圈感应出电流。

2. 用强磁铁靠近导线,导线中就会产生恒定电流。

3. 略

4. 略

5. 变化着的电流;变化着的磁场;运动的稳恒电流;运动的磁铁;在磁场中运动的导体。

6. 电磁感应现象是电磁学的重大发现之一,为麦克斯韦建立完整的电磁理论奠定了基础。根据这一发现,后来科学家发明了发电机、变压器等电气设备,使电能在生产和生活中得到广泛应用,开辟了电气化时代。

九、想一想,说一说

略

相关阅读

(1) 电场和磁场是真实存在的,电场线和磁力线是假想的。

(2) 麦克斯韦预言了电磁波的存在。他还推导出著名的麦克斯韦方程组,建立了完整的电磁理论。麦克斯韦的电磁理论概括了当时已发现的所有电磁现象和光现象的规律,是在牛顿建立力学理论之后的又一伟大成就。

(3) 莱顿瓶放电实验。

(4) 法拉第用实验揭示了电磁感应定律,建立了电场和磁场的理论,又引入了电场线、磁力线等概念,从而为经典电磁理论的建立奠定了基础,他为大厦打下了地基。麦克斯韦用数学工具研究法拉第的磁力线理论,最后完成了经典电磁理论,而且从理论上预言了电磁波的存在,他建造了大厦的主体。赫兹用实验成功捕捉到电磁波,证实了麦克斯韦电磁理论,他为大厦封顶。

第八课

练习

一、熟读下列词语

略

二、仿照例子分别写出包含“核、射”的词语，并理解其意思

电子核　细胞核　内核　外核　地核

“核”表示物体中像核的部分。

反射　折射　偏射　照射　散射

“射”表示放出（光、热、电波等）。

三、看图完成下列问题

1. 图 8－4 所示是光的折射现象。图 8－5 所示是光的反射现象。

2. 略

四、选词填空

1. 特定　2. 密度　3. 激励　4. 释放　5. 自发　6. 跃迁　7. 辐射

1. 均匀　2. 粗糙　3. 服从　4. 平均　5. 可逆　6. 光滑　7. 遵循

五、将下列词语组成句子

1. 光在同种均匀介质中沿直线传播。/ 在同种均匀介质中光沿直线传播。

2. 入射光线和反射光线分居在法线的两侧。/反射光线和入射光线分居在法线的两侧。

3. 光从水面斜着射入空气会发生折射。

4. 人的耳朵可感觉的频率不能低于 20 赫兹。

5. 宇宙中的各种天体都能发出不同波长的辐射。

六、根据课文内容判断对错

1. ×　2. ×　3. ×　4. √　5. √　6. ×　7. ×　8. ×　9. √

七、根据课文内容回答下列问题

1. 当核外电子从高能级轨道跃迁到低能级轨道时,会释放出特定频率的光子,这就是发光。

2. 产生的方式不同。如果核外电子从高能级轨道跃迁到低能级轨道是自发进行的,那么这样产生的光就是普通光。如果这种跃迁是在有外界辐射(光)激励的情况下进行的,那么这样产生的光就是激光。

3. 为了表示光的传播情况,通常用一条带箭头的直线代表一束光,这样的直线叫光线。光线实际上并不存在。

4. 光的传播速度和介质的密度有密切的关系。

5. 光的反射定律:反射光线与入射光线、法线在同一平面上;反射光线和入射光线分居在法线的两侧;反射角等于入射角。

6. 镜面反射指平行光线经界面反射后沿某一方向平行射出,只能在某一方向接收到反射光线(反射面是光滑平面)。漫反射指平行光线经界面反射后向各个不同的方向反射出去,即在各个不同的方向都能接收到反射光线(反射面是粗糙平面或曲面)。

7. 折射光线与入射光线、法线处在同一平面内,折射光线与入射光线分别位于法线的两侧;入射角的正弦与折射角的正弦成正比。光的折射定律也叫斯涅耳定律。

8. 某种介质的折射率等于光在真空中的速度 c 跟光在这种介质中的速度 v 之比。

八、想一想,说一说

略

相关阅读

(1) 激光的理论基础起源于光与物质相互作用。1916 年爱因斯坦提出了这套全新的技术理论。

(2) 他们提出了激光原理,即物质在受到与其分子固有振荡频率相同的能量激发时,都会产生一种不发散的强光——激光。这种原理是根据“当将氖光灯泡所发射的光照在一种稀土晶体上时,晶体的分子会发出鲜艳的、始终会聚在一起的强光”这一现象提出的。

(3) 美国科学家梅曼。

(4) 第一台激光器是用红宝石作材料制成的。

(5) 激光器都由三个主要部分组成:第一部分称为工作物质,是保证受激而产生激光的物质;第二部分称为激发源,不断给产生激光的物质补充能量;第三部分称为谐振腔,它是激光振荡器,通过腔的振荡不断放大,从而保证激光输出。

(6) 因为激光有以下四个独特的本领:定向发光、亮度极高、颜色极纯、能量密度极大。

(7) 用激光来加工机械，削铁如泥，任何金属在激光面前都会“迎刃而解”；用激光于通信，携带信息量惊人；用之于电话，可使几十亿部电话同时通话；用之于印刷，分辨率达每英寸(1 英寸＝25.4 毫米)9 000 个点，调制速率可达几十兆赫。

第九课

练习

一、熟读下列词语

略

二、仿照例子分别写出包含“族、剂”的词语，并理解其意思

副族　卤族　水族　低头族　上班族

“族”表示事物有某种共同属性的一大类。

杀虫剂　冷冻剂　添加剂　洗涤剂　干燥剂

“剂”表示某些起化学作用或物理作用的物质。

三、写出表 1 所列物质的化学式或中文名称，并说出这些物质是由哪些元素组成的

物质的化学式与中文名称如表 1 所列。

表 1　物质的化学式与中文名称

化学式	中文名称	化学式	中文名称	化学式	中文名称
H_2	氢气	O_2	氧气	N_2	氮气
Fe	铁	C	碳	S	硫
H_2O	水	CO_2	二氧化碳	Fe_2O_3	三氧化二铁
HCl	氯化氢	$CuSO_4$	硫酸铜	$NaHCO_3$	碳酸氢钠

例：H_2O 是由氢元素和氧元素组成的。

四、写出下列化学反应的化学方程式，并指出反应物和生成物各是什么

1. $C+O_2 \xlongequal{点燃} CO_2\uparrow$

反应物是碳和氧气，生成物是二氧化碳。

2. $2H_2O \xlongequal{通电} O_2\uparrow + 2H_2\uparrow$

反应物是水,生成物是氧气和氢气。

3. $Fe + CuSO_4 \xlongequal{} Cu + FeSO_4$

反应物是铁和硫酸铜,生成物是铜和硫酸亚铁。

4. $2H_2O_2 \xlongequal{MnO_2} 2H_2O + O_2\uparrow$

反应物是过氧化氢,生成物是水和氧气。

5. $Fe_3O_4 + 4CO \xlongequal{\Delta} 3Fe + 4CO_2$

反应物是四氧化三铁和一氧化碳,生成物是铁和二氧化碳。

五、选词填空

1. 催化剂 2. 空位 3. 总称 4. 依据 5. 奥秘 6. 浓度

1. 逆向 2. 稀有 3. 先后 4. 内在 5. 依次

1. 排序 2. 除外 3. 呈现 4. 递增 5. 调控 6. 依靠 7. 生成 8. 给定

六、用括号中的词语改写下列句子

1. 据说人体能够禁得住的最大压强为 450 千帕。
2. 物质的热力学性质主要由分子的热运动决定。
3. 他以氢气和氧气反应生成水为例,说明化学反应前后质量守恒。
4. 到现在为止人类能够观测到的宇宙直径大约有 930 亿光年。
5. 碳能够以很少的数量构成数以千万计的有机化合物。

七、将下列词语组成句子

1. 丰富多彩的植物资源广泛地分布在地球上。
2. 元素的性质呈现周期性的变化规律。
3. 同一元素的各种同位素质量数不同。
4. 居里夫人先后发现了钋和镭。
5. 牛顿第二定律揭示了加速度和作用力之间的内在联系。

八、根据课文内容填空

1. 核外电子数　原子序数　核电荷数
2. 电子层　5　原子序数　74. 92
3. 7　16　电子层数　最外层电子数相同　化学性质相似

4. 碱金属　钠元素　卤族　碘元素　稀有气体　氩元素

5. 正　钠离子　得到电子　负

6. 共价键　离子键　化学键　金属阳离子　自由电子

7. 化学反应限度

8. mol/(L·s)　摩尔每升秒

九、根据课文内容回答下列问题

1. 人们把元素定义为质子数(即核电荷数)相同的一类原子的总称。

2. 元素的性质随着核电荷数(原子序数)的递增而呈现周期性的变化。

3. 当钠(Na)与氯气(Cl_2)反应时,钠原子最外电子层上的1个电子转移到氯原子最外电子层上,形成带正电的钠离子和带负电的氯离子,二者通过静电作用结合在一起,形成氯化钠。人们把这种带相反电荷离子之间的相互作用称为离子键。

氯原子最外层有7个电子,两个氯原子各提供1个电子形成共用电子对,于是两个氯原子都形成了8电子的稳定结构。像氯分子这样,原子间通过共用电子对所形成的相互作用叫作共价键。

4. 化学反应的本质是旧化学键的断裂和新化学键的形成。

5. 化学反应速率通常用单位时间内反应物浓度的减少量或生成物浓度的增加量来表示,单位是mol/(L·s)。

6. 影响化学反应速率的因素有温度、溶液的浓度、催化剂等。

7. 在可逆反应中,当正向反应速率和逆向反应速率相等,反应物和生成物的浓度不再改变时,我们称该反应达到“化学平衡状态”,简称化学平衡。

十、想一想,说一说

略

相关阅读

(1) 丁达尔效应又叫作光的散射现象或者乳光现象。是否发生丁达尔效应与分散系粒子的直径大小有关。

(2) 把一种(或多种)物质分散到另一种(或多种)物质中所得到的体系叫作分散系。分散相处于分割成粒子的不连续状态,而分散剂则处于连续的状态。

(3) 区分分子分散系、胶体分散系、粗分散系三者的主要依据是分散相粒子的大小。

(4) 糖水溶液属于分子分散系,稀豆浆属于胶体分散系,泥浆属于粗分散系。

(5) 当粒子直径小于光的波长时,会发生光的散射。

(6) 由于溶液中粒子的直径小于 1 纳米，散射光的强度随散射粒子体积的减小而明显减弱，因此当光束通过溶液时观察不到丁达尔效应。

第十课

练习

一、熟读下列词语

略

二、仿照例子分别写出包含“酸、质”的词语，并理解其意思

氨基酸　核苷酸　磷酸　硫酸

“酸”表示在水溶液中电离出的正离子全部是氢离子的一类化合物。

细胞质　脂质　物质　铁质

“质”表示构成事物的材料。

三、完成下面的图

1. 如图 4 所示。

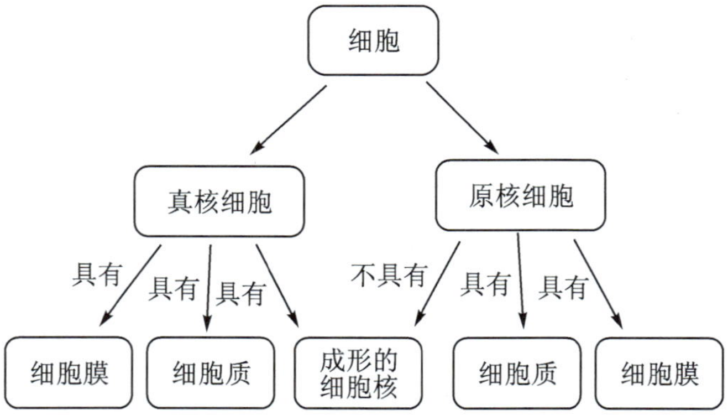

图 4　真核细胞与原核细胞的区别

2. 如图 5 所示。

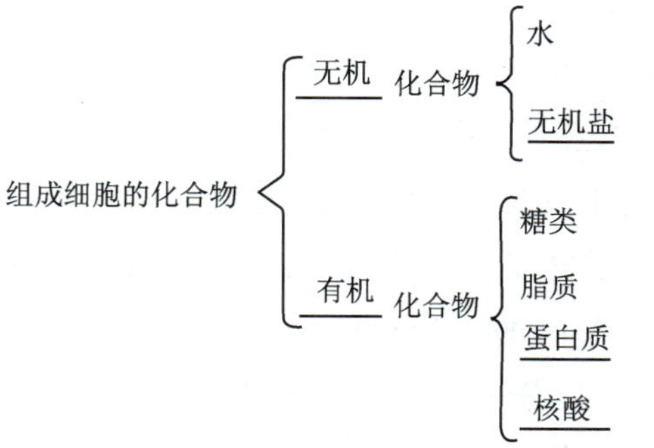

图 5　细胞中的化合物

四、选词填空

1. 维持　2. 含量　3. 变异　4. 保持　5. 承担　6. 折叠　7. 贮存

1. 携带　2. 吸收　3. 遗传　4. 依赖　5. 相对　6. 合成　7. 依靠

五、将下列词语组成句子

1. 通过显微镜观察，我们可以了解到细胞的多样性。

2. 海洋中的藻类植物含有丰富的碘元素。

3. 通常情况下新的生命将具有父母双方的遗传特征。

4. 氨基酸是组成蛋白质的基本单位。/组成蛋白质的基本单位是氨基酸。

5. 高质量的早餐能为大脑提供充足的能源物质。

六、用括号中的词语改写下列句子

1. 天体的化学成分、温度、运动速度、磁场等一系列物理化学性质都直接或间接地影响它所发出的光线。

2. 含碳的化合物非常多，目前已经知道的达数百万种。

3. 太阳是一个巨大炽热的气体星球，它源源不断地以电磁波的形式向宇宙空间放射能量，这称为太阳辐射。

4. 他对各地的物产气候、风俗习惯、社会情况乃至地理特征都做过详细的调查。

5. 原子构成分子并不是静止的简单堆积，而是处在不断地运动之中。

七、根据课文内容判断对错

1. ×　2. ×　3. ×　4. √　5. ×　6. √　7. √

八、根据课文内容回答下列问题

1. 细胞是生物体结构和功能的基本单位。

2. 细胞的基本结构有细胞膜、细胞质和细胞核等。

3. 组成细胞的化合物包括无机化合物和有机化合物。无机化合物主要有水和无机盐;有机化合物主要有糖类、脂质、蛋白质和核酸。

4. 蛋白质必须经过消化成为各种氨基酸,才能被人体吸收和利用。

5. 氨基酸是组成蛋白质的基本单位。在细胞内,每种氨基酸的数目成百上千,当氨基酸形成肽链时,不同种类氨基酸的排列顺序千变万化,肽链的盘曲、折叠方式及形成的空间结构千差万别,因此,蛋白质分子的结构是极其多样的。

6. 核酸是细胞内携带遗传信息的物质,在生物体的遗传、变异和蛋白质的生物合成中具有极其重要的作用。

7. 在绝大多数生物体的细胞中,DNA 由两条脱氧核苷酸链构成,RNA 由一条核糖核苷酸链构成。绝大多数生物的遗传信息贮存在 DNA 中,但是也有部分病毒的遗传信息直接贮存在 RNA 中。

8. 细胞中大多数无机盐以离子的形式存在,许多种无机盐对于维持细胞和生物体的生命活动有重要作用。

九、想一想,说一说

略

相关阅读

(1) 证明一种物质的分子结构最直接的方法是在实验室中直接合成这种分子。

(2) 如果想要快速、准确地合成蛋白质,首先要弄清蛋白质中氨基酸的排列顺序。

(3) 胰岛素能治疗糖尿病,但是由于胰岛素在牛、羊等动物体内含量很少,很难通过提取来大量制备,因此,人们梦想着有一天能用人工方法合成胰岛素。

(4) 中国科学家先把天然胰岛素的两条链拆开,摸索将两条链合在一起的方法;然后再分别合成两条链;最后将两条人工链合在一起。这样中国科学家成功合成了牛胰岛素。

(5) 牛胰岛素的合成,标志着人类在认识生命、探索生命奥秘的征途中迈出了关键性的一步,其意义与影响是巨大的。

第十一课

练习

一、熟读下列词语

略

二、仿照例子分别写出包含“微、器、仪”的词语，并理解其意思

微信　微机　微波　微生物　微量

“微”表示细小、轻微。

控制器　计数器　遥控器　中央处理器　运算器　存储器

“器”表示器具。

绘图仪　地动仪　天文仪　美容仪　检测仪

“仪”表示仪器。

三、选词填空

1. 执行　2. 预先　3. 传送　4. 存储　5. 主存储器　6. 协调

1. 核心　2. 逢　3. 加工　4. 操作　5. 指令　6. 展示

1. 应用　2. 具备　3. 采用　4. 具有

1. 数目　2. 数据　3. 数码　4. 数值

四、将下列词语组成句子

1. 冯·诺依曼被世界公认为“计算机之父”。
2. 单击该按钮就会执行设置好的程序文件。
3. 卫星把大量信息传送到地面。
4. 我们采用二进制作为计算机数值计算的基础。
5. 若将中央处理器集成在一块芯片上便构成一个微处理器。

五、用括号中的词语改写下列句子

1. 银河系被全世界公认为最美的星系。
2. 所谓“信息高速公路”是指高速度、大容量、多媒体的信息传输网络。
3. 服务器将消息存放在接收者的电子邮箱内，并告知接收者有新邮件到来。

4. 网民从上述网站上下载“电子钱包”应用程序后，便可获得归个人所有的“钱包”编号。

5. 超级计算机拥有最强的并行计算能力，主要用于科学计算领域。

6. 宇宙飞船在轨期间主要依靠预先设计的程序自动进行控制。

六、根据课文内容填空

1. 1946　更新换代　冯·诺依曼　公认为
2. 数制　执行
3. 中央处理器　存储器　程序计数器
4. 二进制代码　地址
5. 主存　计算机主机　外存　调入
6. 转变　显示器　运算结果　展示

七、根据课文内容判断对错

1. ×　2. ×　3. √　4. ×　5. ×　6. ×

八、根据课文内容回答下列问题

1. 采用二进制使计算机更容易实现数值的计算。

2. 根据冯·诺依曼体系结构构成的计算机必须具有以下基本功能：把需要的程序和数据送至计算机中，同时具有长期记忆程序、数据、中间结果及最终运算结果的能力；能够完成各种算术运算、逻辑运算和数据传送等数据加工处理；能够根据需要控制程序走向，并能根据指令控制机器的各部件协调操作；最后能够按照要求将处理结果输出给用户。

3. 冯·诺依曼体系结构计算机必须具备五大基本组成部件：运算器、控制器、存储器、输入设备、输出设备。

4. 计算机的运算器的主要功能是完成对数据的算术运算、逻辑运算和逻辑判断。

5. 内存储器用于存放当前要用的数据和程序。外存储器用于存放当前暂时不用的信息，待需要时才调入主存。

6. 常用的输入设备有鼠标、键盘、扫描仪、摄像头等。常用的输出设备有显示器、打印机、绘图仪等。

九、想一想，说一说

略

相关阅读

(1) 蒂姆接受了一项极富挑战性的工作:开发一个软件,以便将分布在各国各地物理实验室、研究所的最新信息、数据、图像资料分享给大家。经过艰苦的努力,他编制成功了第一个高效局部存取浏览器"查询",并把它应用于数据共享、浏览等,取得了成功。

(2) 1989 年蒂姆成功开发出世界上第一个 Web 服务器和第一个 Web 客户机。虽然这个服务器简陋得只能说是电话号码簿,只是允许用户进入主机以查询每个研究人员的电话号码,但它实实在在是一个所见即所得的超文本浏览/编辑器。

(3) WWW 是 World Wide Web 的简称。这个名字是在 1989 年 12 月被确定的。

(4) Web 通过一种超文本方式,把网络上不同计算机内的信息有机结合在一起,并且可以通过超文本传输协议从一台 Web 服务器转到另一台 Web 服务器上检索信息。

(5) 世界上第一个万维网网站是"info. cern. ch"。它投入运行后网站和服务器如雨后春笋般诞生。人们开始把各种信息放到互联网上,互联网用户的数目一直在以指数函数的速度增长,不到两个月的时间就增加了一倍。

(6) 万维网使数以亿计的人们仅凭单击鼠标就可从一个网页跳到另一个网页,共享网络资源,把互联网变成了一本全世界人民共同拥有的"大百科全书"。

(7) 万维网联盟是一个非赢利性的联盟。

第十二课

练习

一、熟读下列词语

略

二、仿照例子分别写出包含"量、值、点"的词语,并理解其意思

流量　质量　音量　年产量　降水量

"量"表示事物数目的多少。

pH 值　正值　产值　数值　定值

"值"表示一个量多少的数目。

顶点　端点　升交点　近地点　春分点

"点"在几何学上表示没有大小、只有位置、不可分割的图形。

三、看图完成下列关于开普勒轨道参数的练习

1. (a) 赤道轨道 (b) 极轨道 (c)逆行轨道 (d)顺行轨道
2. 轨道倾角、近地点幅角、升交点赤经的标注位置如图 6 所示：

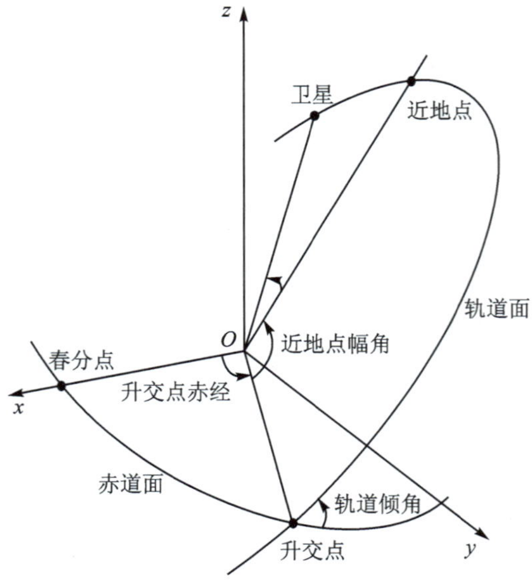

图 6 轨道参数示意图

四、选词填空

1. 重合 2. 引入 3. 运行 4. 合称 5. 描述 6. 观测

1. 逆行 2. 毕生 3. 以上 4. 处于 5. 坚实 6. 公转

五、用括号中的词语改写下列句子

1. pH 试纸可以用以定性地检验气体或溶液的酸碱性。
2. 欧冠小组赛最后一轮比赛，AC 米兰队打平对手即可。
3. 就北半球来说，气压带和风带大致夏季北移、冬季南移。
4. 牛顿第一定律指出一切物体都有惯性。
5. 通过某段导体的电流是这段导体两端的电压跟这段导体电阻的比值。
6. 航天飞机，顾名思义，就是兼具飞机和航天器特点的一种飞行器。
7. 法国化学家拉瓦锡在大量实验的基础上，得出结论：空气是由氧气和氮气组成的。

六、将下列词语组成句子

1. 能够重合的两个圆叫作等圆。

2. 开普勒轨道参数用以描述卫星轨道。

3. 据观测，南极臭氧空洞最严重。

4. 基因编辑技术，顾名思义，就是对基因进行直接编辑。

5. 任意时刻的卫星位置由哪几个参数确定？

七、根据课文内容判断对错

1. × 2. × 3. √ 4. √ 5. × 6. √

八、根据课文内容回答下列问题

1. 人造地球卫星在地球引力的作用下绕地球做周期运动。假设地球和卫星都是质量分布均匀的圆球体，并且地球引力是卫星受到的唯一外力，那么卫星在这种理想状态下的运动称为无摄运动。

2. 开普勒第一定律还可以称作椭圆轨道定律，开普勒第二定律还可以称作面积定律，开普勒第三定律还可以称作周期定律。

3. 开普勒轨道的形状由偏心率决定，大小由半长轴决定。

4. 轨道倾角和升交点赤经决定了开普勒轨道在空间的方位。

5. 椭圆轨道在轨道面内的位置取决于近地点幅角。

6. 升交点是卫星沿轨道由南向北运行时与赤道面的交点。卫星由北向南运行时与赤道面的交点称为降交点。

7. 引入过近地点时刻的目的是计算卫星的瞬时位置。

九、想一想，说一说

略

相关阅读

(1) 在两条倾角相同、高度相异的圆形轨道间转移卫星的最小能量方法，称之为霍曼转移，相应的轨道称为霍曼转移轨道。它由德国物理学家奥尔特·霍曼博士于 1925 年提出。

(2) 霍曼转移轨道外切于地球公转轨道，同时内切于火星公转轨道；太阳在霍曼转移轨道的一个焦点上；霍曼转移轨道的近日点和远日点分别在地球公转轨道和火星公转轨道上，且霍曼转移轨道的长轴等于地球公转轨道半径和火星公转轨道半径之和。

(3) 霍曼转移可以通过探测器的两次点火和一次滑行来实现。火星探测器首先进入地球公转轨道，在近日点发动机点火，探测器瞬间加速，从能量较低的地球公转轨道转移到椭圆形的霍曼转移轨道。随后,探测器沿着该椭圆形轨道向远日点滑行,当到达远日点时,再次开启发动机,探测器获得一瞬时加速度,进入能量较高的火星公转轨道。

(4) 为使探测器到达远日点时恰与火星相遇,被火星引力捕获,探测器必须在特定的时间范围内发射,这个特定的时间范围称为发射窗口。

(5) 火星探测器的发射窗口与火星冲日现象有关。火星冲日现象每隔 26 个月出现一次。

(6) 因为此时实施火星探测,探测器飞行的路线最短,最省燃料。